Infant Journal

A daily journal of infant care for parents and caretakers

180 Day Journal

Publisher's Note

This book is designed to be a journal for the care of infants. It is sold with the understanding that neither the author nor the publisher is engaged in rendering medical, legal, accounting, or other professional service. If medical advice or other expert assistance is required, the services of a competent professional person should be sought.

Copyright © 2007 Johnson & Hunter, Inc. All rights reserved.

No part of this publication may be reproduced, redistributed, stored in a retrieval system, or transmitted, in any form or by any means, electronic, mechanical, photocopying, or otherwise, without the prior written permission of the publisher.

First Edition.

International Standard Book Number-13: 978-1-933598-32-1
International Standard Book Number-10: 1-933598-32-8

Published by Johnson & Hunter, Inc. (www.johnsonhunter.com)

Additional Copies and Bulk Sales

For additional copies, please check your local retail store, online retailers such as Amazon or visit **www.johnsonhunter.com**.

Johnson & Hunter offers excellent discounts on this book when ordered in quantity for bulk purchases or special sales. For more information, please contact **corpsales@johnsonhunter.com**.

Dedication

This publication is dedicated to my husband, Paul, and my son, Giovanni. Without Paul's inspiration, this journal would not have been created. Without Giovanni's miracle arrival, I would not have the need to keep up with all the details of an infant's daily routine.

To all parents and caretakers of infants -- may this journal help you keep track of the events each day and perhaps serve as a memory book of your child's milestones.

Overview

Dear Parents and Caretakers,

Thank you for investing in this journal. As a new mom, I found myself keeping track of my child's daily formula, breastfeeding, diapering and other notes on whatever note pads were available. After a few weeks, I decided that the notes came in handy when my son would visit the pediatrician and they also helped us see shifts in his sleeping and eating habits.

The purpose of this journal is for parents and caretakers to keep up with the items they would like to follow. It is not necessary to keep up with all of the columns, but they are provided for your convenience if you decide to use them.

I've provided an example of a page partially filled out so you can see how you might make notations in the journal. You may even have a better way of keeping track than what's displayed on the example.

May this journal be helpful to you and provide a handy place to keep up with your child's daily routine and milestones.

Best wishes,

Renee M. DiModica

Below is an example. As for diaper changes, I use the old code names "1 and 2" to describe the contents of the diaper. This chart shows a parent who was breastfeeding and supplementing with formula. I have also provided a column for Solids so you can write the amount of solid foods your child eats such as cereal, fruits, vegetables and meats. You will probably want to write what type of solid your child ate in the "Notes" column to help identify their dietary intake.

	Sleep	Breastfeed	Formula	Solids	Antigas	Diaper	Notes
12:00						1	
12:30	•						
1:00							
1:30							
2:00							
2:30							
3:00							
3:30	•	•				1	
4:00	•	•			.3		
4:30							
5:00							
5:30							
6:00							
6:30							
7:00	•	•	4		.3		
7:30		•				1 & 2	
8:00							← Dr. appt.
8:30							for 1 shots
9:00							← .8 tylenol
9:30							
10:00			4		.3	1	
10:30							
11:00							
11:30							
12:00							

Weekly Growth Chart

Week	Weight	Length
1	_____	_____
2	_____	_____
3	_____	_____
4	_____	_____
5	_____	_____
6	_____	_____
7	_____	_____
8	_____	_____
9	_____	_____
10	_____	_____
11	_____	_____
12	_____	_____
13	_____	_____
14	_____	_____
15	_____	_____
16	_____	_____
17	_____	_____
18	_____	_____
19	_____	_____
20	_____	_____
21	_____	_____
22	_____	_____
23	_____	_____
24	_____	_____
25	_____	_____
26	_____	_____
27	_____	_____
28	_____	_____
29	_____	_____
30	_____	_____

Monthly Growth Chart

Month	Weight	Length
1	_____	_____
2	_____	_____
3	_____	_____
4	_____	_____
5	_____	_____
6	_____	_____
7	_____	_____
8	_____	_____
9	_____	_____
10	_____	_____
11	_____	_____
12	_____	_____

Date: _____   Age: _____

	Sleep	Breastfeed	Formula	Solids	Antigas	Diaper	Other Notes
12:00							
12:30							
1:00							
1:30							
2:00							
2:30							
3:00							
3:30							
4:00							
4:30							
5:00							
5:30							
6:00							
6:30							
7:00							
7:30							
8:00							
8:30							
9:00							
9:30							
10:00							
10:30							
11:00							
11:30							
12:00							
12:30							
1:00							
1:30							
2:00							
2:30							
3:00							
3:30							
4:00							
4:30							
5:00							
5:30							
6:00							
6:30							
7:00							
7:30							
8:00							
8:30							
9:00							
9:30							
10:00							
10:30							
11:00							
11:30							
12:00							
Daily Totals							

Milestones: _____
_____

Date: _____ Age: _____

	Sleep	Breastfeed	Formula	Solids	Antigas	Diaper		Other Notes
12:00								
12:30								
1:00								
1:30								
2:00								
2:30								
3:00								
3:30								
4:00								
4:30								
5:00								
5:30								
6:00								
6:30								
7:00								
7:30								
8:00								
8:30								
9:00								
9:30								
10:00								
10:30								
11:00								
11:30								
12:00								
12:30								
1:00								
1:30								
2:00								
2:30								
3:00								
3:30								
4:00								
4:30								
5:00								
5:30								
6:00								
6:30								
7:00								
7:30								
8:00								
8:30								
9:00								
9:30								
10:00								
10:30								
11:00								
11:30								
12:00								
Daily Totals								

Milestones: _____

_____

Date:_____ Age:_____

	Sleep	Breastfeed	Formula	Solids	Antigas	Diaper	Other Notes
12:00							
12:30							
1:00							
1:30							
2:00							
2:30							
3:00							
3:30							
4:00							
4:30							
5:00							
5:30							
6:00							
6:30							
7:00							
7:30							
8:00							
8:30							
9:00							
9:30							
10:00							
10:30							
11:00							
11:30							
12:00							
12:30							
1:00							
1:30							
2:00							
2:30							
3:00							
3:30							
4:00							
4:30							
5:00							
5:30							
6:00							
6:30							
7:00							
7:30							
8:00							
8:30							
9:00							
9:30							
10:00							
10:30							
11:00							
11:30							
12:00							
Daily Totals							

Milestones:_____

_____

Date: _____ Age: _____

	Sleep	Breastfeed	Formula	Solids	Antigas	Diaper	Other Notes
12:00							
12:30							
1:00							
1:30							
2:00							
2:30							
3:00							
3:30							
4:00							
4:30							
5:00							
5:30							
6:00							
6:30							
7:00							
7:30							
8:00							
8:30							
9:00							
9:30							
10:00							
10:30							
11:00							
11:30							
12:00							
12:30							
1:00							
1:30							
2:00							
2:30							
3:00							
3:30							
4:00							
4:30							
5:00							
5:30							
6:00							
6:30							
7:00							
7:30							
8:00							
8:30							
9:00							
9:30							
10:00							
10:30							
11:00							
11:30							
12:00							
Daily Totals							

Milestones: _____
_____

Date: _____ Age: _____

	Sleep	Breastfeed	Formula	Solids	Antigas	Diaper	Other Notes
12:00							
12:30							
1:00							
1:30							
2:00							
2:30							
3:00							
3:30							
4:00							
4:30							
5:00							
5:30							
6:00							
6:30							
7:00							
7:30							
8:00							
8:30							
9:00							
9:30							
10:00							
10:30							
11:00							
11:30							
12:00							
12:30							
1:00							
1:30							
2:00							
2:30							
3:00							
3:30							
4:00							
4:30							
5:00							
5:30							
6:00							
6:30							
7:00							
7:30							
8:00							
8:30							
9:00							
9:30							
10:00							
10:30							
11:00							
11:30							
12:00							
Daily Totals							

Milestones: _____

_____

Date: _____ Age: _____

	Sleep	Breastfeed	Formula	Solids	Antigas	Diaper		Other Notes
12:00								
12:30								
1:00								
1:30								
2:00								
2:30								
3:00								
3:30								
4:00								
4:30								
5:00								
5:30								
6:00								
6:30								
7:00								
7:30								
8:00								
8:30								
9:00								
9:30								
10:00								
10:30								
11:00								
11:30								
12:00								
12:30								
1:00								
1:30								
2:00								
2:30								
3:00								
3:30								
4:00								
4:30								
5:00								
5:30								
6:00								
6:30								
7:00								
7:30								
8:00								
8:30								
9:00								
9:30								
10:00								
10:30								
11:00								
11:30								
12:00								
Daily Totals								

Milestones: _____

_____

Date: _____ Age: _____

	Sleep	Breastfeed	Formula	Solids	Antigas	Diaper	Other Notes
12:00							
12:30							
1:00							
1:30							
2:00							
2:30							
3:00							
3:30							
4:00							
4:30							
5:00							
5:30							
6:00							
6:30							
7:00							
7:30							
8:00							
8:30							
9:00							
9:30							
10:00							
10:30							
11:00							
11:30							
12:00							
12:30							
1:00							
1:30							
2:00							
2:30							
3:00							
3:30							
4:00							
4:30							
5:00							
5:30							
6:00							
6:30							
7:00							
7:30							
8:00							
8:30							
9:00							
9:30							
10:00							
10:30							
11:00							
11:30							
12:00							
Daily Totals							

Milestones: _____

_____

Date: _____   Age: _____

	Sleep	Breastfeed	Formula	Solids	Antigas	Diaper	Other Notes
12:00							
12:30							
1:00							
1:30							
2:00							
2:30							
3:00							
3:30							
4:00							
4:30							
5:00							
5:30							
6:00							
6:30							
7:00							
7:30							
8:00							
8:30							
9:00							
9:30							
10:00							
10:30							
11:00							
11:30							
12:00							
12:30							
1:00							
1:30							
2:00							
2:30							
3:00							
3:30							
4:00							
4:30							
5:00							
5:30							
6:00							
6:30							
7:00							
7:30							
8:00							
8:30							
9:00							
9:30							
10:00							
10:30							
11:00							
11:30							
12:00							
Daily Totals							

Milestones: _____

_____

Date: _____ Age: _____

	Sleep	Breastfeed	Formula	Solids	Antigas	Diaper		Other Notes
12:00								
12:30								
1:00								
1:30								
2:00								
2:30								
3:00								
3:30								
4:00								
4:30								
5:00								
5:30								
6:00								
6:30								
7:00								
7:30								
8:00								
8:30								
9:00								
9:30								
10:00								
10:30								
11:00								
11:30								
12:00								
12:30								
1:00								
1:30								
2:00								
2:30								
3:00								
3:30								
4:00								
4:30								
5:00								
5:30								
6:00								
6:30								
7:00								
7:30								
8:00								
8:30								
9:00								
9:30								
10:00								
10:30								
11:00								
11:30								
12:00								
Daily Totals								

Milestones: _____
_____

Date: _____   Age: _____

	Sleep	Breastfeed	Formula	Solids	Antigas	Diaper		Other Notes
12:00								
12:30								
1:00								
1:30								
2:00								
2:30								
3:00								
3:30								
4:00								
4:30								
5:00								
5:30								
6:00								
6:30								
7:00								
7:30								
8:00								
8:30								
9:00								
9:30								
10:00								
10:30								
11:00								
11:30								
12:00								
12:30								
1:00								
1:30								
2:00								
2:30								
3:00								
3:30								
4:00								
4:30								
5:00								
5:30								
6:00								
6:30								
7:00								
7:30								
8:00								
8:30								
9:00								
9:30								
10:00								
10:30								
11:00								
11:30								
12:00								
Daily Totals								

Milestones: _____

Date: _____ Age: _____

	Sleep	Breastfeed	Formula	Solids	Antigas	Diaper	Other Notes
12:00							
12:30							
1:00							
1:30							
2:00							
2:30							
3:00							
3:30							
4:00							
4:30							
5:00							
5:30							
6:00							
6:30							
7:00							
7:30							
8:00							
8:30							
9:00							
9:30							
10:00							
10:30							
11:00							
11:30							
12:00							
12:30							
1:00							
1:30							
2:00							
2:30							
3:00							
3:30							
4:00							
4:30							
5:00							
5:30							
6:00							
6:30							
7:00							
7:30							
8:00							
8:30							
9:00							
9:30							
10:00							
10:30							
11:00							
11:30							
12:00							
Daily Totals							

Milestones: _____

_____

Date: _____ Age: _____

	Sleep	Breastfeed	Formula	Solids	Antigas	Diaper		Other Notes
12:00								
12:30								
1:00								
1:30								
2:00								
2:30								
3:00								
3:30								
4:00								
4:30								
5:00								
5:30								
6:00								
6:30								
7:00								
7:30								
8:00								
8:30								
9:00								
9:30								
10:00								
10:30								
11:00								
11:30								
12:00								
12:30								
1:00								
1:30								
2:00								
2:30								
3:00								
3:30								
4:00								
4:30								
5:00								
5:30								
6:00								
6:30								
7:00								
7:30								
8:00								
8:30								
9:00								
9:30								
10:00								
10:30								
11:00								
11:30								
12:00								
Daily Totals								

Milestones: _____
_____

Date:_____ Age:_____

	Sleep	Breastfeed	Formula	Solids	Antigas	Diaper		Other Notes
12:00								
12:30								
1:00								
1:30								
2:00								
2:30								
3:00								
3:30								
4:00								
4:30								
5:00								
5:30								
6:00								
6:30								
7:00								
7:30								
8:00								
8:30								
9:00								
9:30								
10:00								
10:30								
11:00								
11:30								
12:00								
12:30								
1:00								
1:30								
2:00								
2:30								
3:00								
3:30								
4:00								
4:30								
5:00								
5:30								
6:00								
6:30								
7:00								
7:30								
8:00								
8:30								
9:00								
9:30								
10:00								
10:30								
11:00								
11:30								
12:00								
Daily Totals								

Milestones:_____
_____

Date: _____ Age: _____

	Sleep	Breastfeed	Formula	Solids	Antigas	Diaper	Other Notes
12:00							
12:30							
1:00							
1:30							
2:00							
2:30							
3:00							
3:30							
4:00							
4:30							
5:00							
5:30							
6:00							
6:30							
7:00							
7:30							
8:00							
8:30							
9:00							
9:30							
10:00							
10:30							
11:00							
11:30							
12:00							
12:30							
1:00							
1:30							
2:00							
2:30							
3:00							
3:30							
4:00							
4:30							
5:00							
5:30							
6:00							
6:30							
7:00							
7:30							
8:00							
8:30							
9:00							
9:30							
10:00							
10:30							
11:00							
11:30							
12:00							
Daily Totals							

Milestones: _____

_____

Date: _____   Age: _____

	Sleep	Breastfeed	Formula	Solids	Antigas	Diaper		Other Notes
12:00								
12:30								
1:00								
1:30								
2:00								
2:30								
3:00								
3:30								
4:00								
4:30								
5:00								
5:30								
6:00								
6:30								
7:00								
7:30								
8:00								
8:30								
9:00								
9:30								
10:00								
10:30								
11:00								
11:30								
12:00								
12:30								
1:00								
1:30								
2:00								
2:30								
3:00								
3:30								
4:00								
4:30								
5:00								
5:30								
6:00								
6:30								
7:00								
7:30								
8:00								
8:30								
9:00								
9:30								
10:00								
10:30								
11:00								
11:30								
12:00								
Daily Totals								

Milestones: _____

_____

Date: _____ Age: _____

	Sleep	Breastfeed	Formula	Solids	Antigas	Diaper	Other Notes
12:00							
12:30							
1:00							
1:30							
2:00							
2:30							
3:00							
3:30							
4:00							
4:30							
5:00							
5:30							
6:00							
6:30							
7:00							
7:30							
8:00							
8:30							
9:00							
9:30							
10:00							
10:30							
11:00							
11:30							
12:00							
12:30							
1:00							
1:30							
2:00							
2:30							
3:00							
3:30							
4:00							
4:30							
5:00							
5:30							
6:00							
6:30							
7:00							
7:30							
8:00							
8:30							
9:00							
9:30							
10:00							
10:30							
11:00							
11:30							
12:00							
Daily Totals							

Milestones: _____
_____

Date: _____   Age: _____

	Sleep	Breastfeed	Formula	Solids	Antigas	Diaper	Other Notes
12:00							
12:30							
1:00							
1:30							
2:00							
2:30							
3:00							
3:30							
4:00							
4:30							
5:00							
5:30							
6:00							
6:30							
7:00							
7:30							
8:00							
8:30							
9:00							
9:30							
10:00							
10:30							
11:00							
11:30							
12:00							
12:30							
1:00							
1:30							
2:00							
2:30							
3:00							
3:30							
4:00							
4:30							
5:00							
5:30							
6:00							
6:30							
7:00							
7:30							
8:00							
8:30							
9:00							
9:30							
10:00							
10:30							
11:00							
11:30							
12:00							
Daily Totals							

Milestones: _____
_____

Date: _____   Age: _____

	Sleep	Breastfeed	Formula	Solids	Antigas	Diaper		Other Notes
12:00								
12:30								
1:00								
1:30								
2:00								
2:30								
3:00								
3:30								
4:00								
4:30								
5:00								
5:30								
6:00								
6:30								
7:00								
7:30								
8:00								
8:30								
9:00								
9:30								
10:00								
10:30								
11:00								
11:30								
12:00								
12:30								
1:00								
1:30								
2:00								
2:30								
3:00								
3:30								
4:00								
4:30								
5:00								
5:30								
6:00								
6:30								
7:00								
7:30								
8:00								
8:30								
9:00								
9:30								
10:00								
10:30								
11:00								
11:30								
12:00								
Daily Totals								

Milestones: _____
_____

Date: _____ Age: _____

	Sleep	Breastfeed	Formula	Solids	Antigas	Diaper	Other Notes
12:00							
12:30							
1:00							
1:30							
2:00							
2:30							
3:00							
3:30							
4:00							
4:30							
5:00							
5:30							
6:00							
6:30							
7:00							
7:30							
8:00							
8:30							
9:00							
9:30							
10:00							
10:30							
11:00							
11:30							
12:00							
12:30							
1:00							
1:30							
2:00							
2:30							
3:00							
3:30							
4:00							
4:30							
5:00							
5:30							
6:00							
6:30							
7:00							
7:30							
8:00							
8:30							
9:00							
9:30							
10:00							
10:30							
11:00							
11:30							
12:00							
Daily Totals							

Milestones: _____

_____

Date: _____   Age: _____

	Sleep	Breastfeed	Formula	Solids	Antigas	Diaper	Other Notes
12:00							
12:30							
1:00							
1:30							
2:00							
2:30							
3:00							
3:30							
4:00							
4:30							
5:00							
5:30							
6:00							
6:30							
7:00							
7:30							
8:00							
8:30							
9:00							
9:30							
10:00							
10:30							
11:00							
11:30							
12:00							
12:30							
1:00							
1:30							
2:00							
2:30							
3:00							
3:30							
4:00							
4:30							
5:00							
5:30							
6:00							
6:30							
7:00							
7:30							
8:00							
8:30							
9:00							
9:30							
10:00							
10:30							
11:00							
11:30							
12:00							
Daily Totals							

Milestones: _____

_____

Date: _____ Age: _____

	Sleep	Breastfeed	Formula	Solids	Antigas	Diaper		Other Notes
12:00								
12:30								
1:00								
1:30								
2:00								
2:30								
3:00								
3:30								
4:00								
4:30								
5:00								
5:30								
6:00								
6:30								
7:00								
7:30								
8:00								
8:30								
9:00								
9:30								
10:00								
10:30								
11:00								
11:30								
12:00								
12:30								
1:00								
1:30								
2:00								
2:30								
3:00								
3:30								
4:00								
4:30								
5:00								
5:30								
6:00								
6:30								
7:00								
7:30								
8:00								
8:30								
9:00								
9:30								
10:00								
10:30								
11:00								
11:30								
12:00								
Daily Totals								

Milestones: _____
_____

Date: _____ Age: _____

	Sleep	Breastfeed	Formula	Solids	Antigas	Diaper		Other Notes
12:00								
12:30								
1:00								
1:30								
2:00								
2:30								
3:00								
3:30								
4:00								
4:30								
5:00								
5:30								
6:00								
6:30								
7:00								
7:30								
8:00								
8:30								
9:00								
9:30								
10:00								
10:30								
11:00								
11:30								
12:00								
12:30								
1:00								
1:30								
2:00								
2:30								
3:00								
3:30								
4:00								
4:30								
5:00								
5:30								
6:00								
6:30								
7:00								
7:30								
8:00								
8:30								
9:00								
9:30								
10:00								
10:30								
11:00								
11:30								
12:00								
Daily Totals								

Milestones: _____

_____

Date: _____ Age: _____

	Sleep	Breastfeed	Formula	Solids	Antigas	Diaper	Other Notes
12:00							
12:30							
1:00							
1:30							
2:00							
2:30							
3:00							
3:30							
4:00							
4:30							
5:00							
5:30							
6:00							
6:30							
7:00							
7:30							
8:00							
8:30							
9:00							
9:30							
10:00							
10:30							
11:00							
11:30							
12:00							
12:30							
1:00							
1:30							
2:00							
2:30							
3:00							
3:30							
4:00							
4:30							
5:00							
5:30							
6:00							
6:30							
7:00							
7:30							
8:00							
8:30							
9:00							
9:30							
10:00							
10:30							
11:00							
11:30							
12:00							
Daily Totals							

Milestones: _____

_____

Date:_____ Age:_____

	Sleep	Breastfeed	Formula	Solids	Antigas	Diaper		Other Notes
12:00								
12:30								
1:00								
1:30								
2:00								
2:30								
3:00								
3:30								
4:00								
4:30								
5:00								
5:30								
6:00								
6:30								
7:00								
7:30								
8:00								
8:30								
9:00								
9:30								
10:00								
10:30								
11:00								
11:30								
12:00								
12:30								
1:00								
1:30								
2:00								
2:30								
3:00								
3:30								
4:00								
4:30								
5:00								
5:30								
6:00								
6:30								
7:00								
7:30								
8:00								
8:30								
9:00								
9:30								
10:00								
10:30								
11:00								
11:30								
12:00								
Daily Totals								

Milestones:_____

_____

Date: _____   Age: _____

	Sleep	Breastfeed	Formula	Solids	Antigas	Diaper		Other Notes
12:00								
12:30								
1:00								
1:30								
2:00								
2:30								
3:00								
3:30								
4:00								
4:30								
5:00								
5:30								
6:00								
6:30								
7:00								
7:30								
8:00								
8:30								
9:00								
9:30								
10:00								
10:30								
11:00								
11:30								
12:00								
12:30								
1:00								
1:30								
2:00								
2:30								
3:00								
3:30								
4:00								
4:30								
5:00								
5:30								
6:00								
6:30								
7:00								
7:30								
8:00								
8:30								
9:00								
9:30								
10:00								
10:30								
11:00								
11:30								
12:00								
Daily Totals								

Milestones: _____
_____

Date: _____   Age: _____

	Sleep	Breastfeed	Formula	Solids	Antigas	Diaper	Other Notes
12:00							
12:30							
1:00							
1:30							
2:00							
2:30							
3:00							
3:30							
4:00							
4:30							
5:00							
5:30							
6:00							
6:30							
7:00							
7:30							
8:00							
8:30							
9:00							
9:30							
10:00							
10:30							
11:00							
11:30							
12:00							
12:30							
1:00							
1:30							
2:00							
2:30							
3:00							
3:30							
4:00							
4:30							
5:00							
5:30							
6:00							
6:30							
7:00							
7:30							
8:00							
8:30							
9:00							
9:30							
10:00							
10:30							
11:00							
11:30							
12:00							
Daily Totals							

Milestones: _____

_____

Date: _____ Age: _____

	Sleep	Breastfeed	Formula	Solids	Antigas	Diaper	Other Notes
12:00							
12:30							
1:00							
1:30							
2:00							
2:30							
3:00							
3:30							
4:00							
4:30							
5:00							
5:30							
6:00							
6:30							
7:00							
7:30							
8:00							
8:30							
9:00							
9:30							
10:00							
10:30							
11:00							
11:30							
12:00							
12:30							
1:00							
1:30							
2:00							
2:30							
3:00							
3:30							
4:00							
4:30							
5:00							
5:30							
6:00							
6:30							
7:00							
7:30							
8:00							
8:30							
9:00							
9:30							
10:00							
10:30							
11:00							
11:30							
12:00							
Daily Totals							

Milestones: _____

_____

Date: _____ Age: _____

	Sleep	Breastfeed	Formula	Solids	Antigas	Diaper		Other Notes
12:00								
12:30								
1:00								
1:30								
2:00								
2:30								
3:00								
3:30								
4:00								
4:30								
5:00								
5:30								
6:00								
6:30								
7:00								
7:30								
8:00								
8:30								
9:00								
9:30								
10:00								
10:30								
11:00								
11:30								
12:00								
12:30								
1:00								
1:30								
2:00								
2:30								
3:00								
3:30								
4:00								
4:30								
5:00								
5:30								
6:00								
6:30								
7:00								
7:30								
8:00								
8:30								
9:00								
9:30								
10:00								
10:30								
11:00								
11:30								
12:00								
Daily Totals								

Milestones: _____

_____

Date: _____ Age: _____

	Sleep	Breastfeed	Formula	Solids	Antigas	Diaper	Other Notes
12:00							
12:30							
1:00							
1:30							
2:00							
2:30							
3:00							
3:30							
4:00							
4:30							
5:00							
5:30							
6:00							
6:30							
7:00							
7:30							
8:00							
8:30							
9:00							
9:30							
10:00							
10:30							
11:00							
11:30							
12:00							
12:30							
1:00							
1:30							
2:00							
2:30							
3:00							
3:30							
4:00							
4:30							
5:00							
5:30							
6:00							
6:30							
7:00							
7:30							
8:00							
8:30							
9:00							
9:30							
10:00							
10:30							
11:00							
11:30							
12:00							
Daily Totals							

Milestones: _____

_____

Date: _____ Age: _____

	Sleep	Breastfeed	Formula	Solids	Antigas	Diaper	Other Notes
12:00							
12:30							
1:00							
1:30							
2:00							
2:30							
3:00							
3:30							
4:00							
4:30							
5:00							
5:30							
6:00							
6:30							
7:00							
7:30							
8:00							
8:30							
9:00							
9:30							
10:00							
10:30							
11:00							
11:30							
12:00							
12:30							
1:00							
1:30							
2:00							
2:30							
3:00							
3:30							
4:00							
4:30							
5:00							
5:30							
6:00							
6:30							
7:00							
7:30							
8:00							
8:30							
9:00							
9:30							
10:00							
10:30							
11:00							
11:30							
12:00							
Daily Totals							

Milestones: _____
_____

Date: _____   Age: _____

	Sleep	Breastfeed	Formula	Solids	Antigas	Diaper	Other Notes
12:00							
12:30							
1:00							
1:30							
2:00							
2:30							
3:00							
3:30							
4:00							
4:30							
5:00							
5:30							
6:00							
6:30							
7:00							
7:30							
8:00							
8:30							
9:00							
9:30							
10:00							
10:30							
11:00							
11:30							
12:00							
12:30							
1:00							
1:30							
2:00							
2:30							
3:00							
3:30							
4:00							
4:30							
5:00							
5:30							
6:00							
6:30							
7:00							
7:30							
8:00							
8:30							
9:00							
9:30							
10:00							
10:30							
11:00							
11:30							
12:00							
Daily Totals							

Milestones: _____
_____

Date: _____   Age: _____

	Sleep	Breastfeed	Formula	Solids	Antigas	Diaper		Other Notes
12:00								
12:30								
1:00								
1:30								
2:00								
2:30								
3:00								
3:30								
4:00								
4:30								
5:00								
5:30								
6:00								
6:30								
7:00								
7:30								
8:00								
8:30								
9:00								
9:30								
10:00								
10:30								
11:00								
11:30								
12:00								
12:30								
1:00								
1:30								
2:00								
2:30								
3:00								
3:30								
4:00								
4:30								
5:00								
5:30								
6:00								
6:30								
7:00								
7:30								
8:00								
8:30								
9:00								
9:30								
10:00								
10:30								
11:00								
11:30								
12:00								
Daily Totals								

Milestones: _____

_____

Date: _____ Age: _____

	Sleep	Breastfeed	Formula	Solids	Antigas	Diaper	Other Notes
12:00							
12:30							
1:00							
1:30							
2:00							
2:30							
3:00							
3:30							
4:00							
4:30							
5:00							
5:30							
6:00							
6:30							
7:00							
7:30							
8:00							
8:30							
9:00							
9:30							
10:00							
10:30							
11:00							
11:30							
12:00							
12:30							
1:00							
1:30							
2:00							
2:30							
3:00							
3:30							
4:00							
4:30							
5:00							
5:30							
6:00							
6:30							
7:00							
7:30							
8:00							
8:30							
9:00							
9:30							
10:00							
10:30							
11:00							
11:30							
12:00							
Daily Totals							

Milestones: _____

_____

Date: _____ Age: _____

	Sleep	Breastfeed	Formula	Solids	Antigas	Diaper	Other Notes
12:00							
12:30							
1:00							
1:30							
2:00							
2:30							
3:00							
3:30							
4:00							
4:30							
5:00							
5:30							
6:00							
6:30							
7:00							
7:30							
8:00							
8:30							
9:00							
9:30							
10:00							
10:30							
11:00							
11:30							
12:00							
12:30							
1:00							
1:30							
2:00							
2:30							
3:00							
3:30							
4:00							
4:30							
5:00							
5:30							
6:00							
6:30							
7:00							
7:30							
8:00							
8:30							
9:00							
9:30							
10:00							
10:30							
11:00							
11:30							
12:00							
Daily Totals							

Milestones: _____
_____

Date: _____ Age: _____

	Sleep	Breastfeed	Formula	Solids	Antigas	Diaper		Other Notes
12:00								
12:30								
1:00								
1:30								
2:00								
2:30								
3:00								
3:30								
4:00								
4:30								
5:00								
5:30								
6:00								
6:30								
7:00								
7:30								
8:00								
8:30								
9:00								
9:30								
10:00								
10:30								
11:00								
11:30								
12:00								
12:30								
1:00								
1:30								
2:00								
2:30								
3:00								
3:30								
4:00								
4:30								
5:00								
5:30								
6:00								
6:30								
7:00								
7:30								
8:00								
8:30								
9:00								
9:30								
10:00								
10:30								
11:00								
11:30								
12:00								
Daily Totals								

Milestones: _____
_____

Date: _____ Age: _____

	Sleep	Breastfeed	Formula	Solids	Antigas	Diaper	Other Notes
12:00							
12:30							
1:00							
1:30							
2:00							
2:30							
3:00							
3:30							
4:00							
4:30							
5:00							
5:30							
6:00							
6:30							
7:00							
7:30							
8:00							
8:30							
9:00							
9:30							
10:00							
10:30							
11:00							
11:30							
12:00							
12:30							
1:00							
1:30							
2:00							
2:30							
3:00							
3:30							
4:00							
4:30							
5:00							
5:30							
6:00							
6:30							
7:00							
7:30							
8:00							
8:30							
9:00							
9:30							
10:00							
10:30							
11:00							
11:30							
12:00							
Daily Totals							

Milestones: _____

_____

Date: _____   Age: _____

	Sleep	Breastfeed	Formula	Solids	Antigas	Diaper	Other Notes
12:00							
12:30							
1:00							
1:30							
2:00							
2:30							
3:00							
3:30							
4:00							
4:30							
5:00							
5:30							
6:00							
6:30							
7:00							
7:30							
8:00							
8:30							
9:00							
9:30							
10:00							
10:30							
11:00							
11:30							
12:00							
12:30							
1:00							
1:30							
2:00							
2:30							
3:00							
3:30							
4:00							
4:30							
5:00							
5:30							
6:00							
6:30							
7:00							
7:30							
8:00							
8:30							
9:00							
9:30							
10:00							
10:30							
11:00							
11:30							
12:00							
Daily Totals							

Milestones: _____

_____

Date: _____ Age: _____

	Sleep	Breastfeed	Formula	Solids	Antigas	Diaper		Other Notes
12:00								
12:30								
1:00								
1:30								
2:00								
2:30								
3:00								
3:30								
4:00								
4:30								
5:00								
5:30								
6:00								
6:30								
7:00								
7:30								
8:00								
8:30								
9:00								
9:30								
10:00								
10:30								
11:00								
11:30								
12:00								
12:30								
1:00								
1:30								
2:00								
2:30								
3:00								
3:30								
4:00								
4:30								
5:00								
5:30								
6:00								
6:30								
7:00								
7:30								
8:00								
8:30								
9:00								
9:30								
10:00								
10:30								
11:00								
11:30								
12:00								
Daily Totals								

Milestones: _____

_____

Date:_____ Age:_____

	Sleep	Breastfeed	Formula	Solids	Antigas	Diaper	Other Notes
12:00							
12:30							
1:00							
1:30							
2:00							
2:30							
3:00							
3:30							
4:00							
4:30							
5:00							
5:30							
6:00							
6:30							
7:00							
7:30							
8:00							
8:30							
9:00							
9:30							
10:00							
10:30							
11:00							
11:30							
12:00							
12:30							
1:00							
1:30							
2:00							
2:30							
3:00							
3:30							
4:00							
4:30							
5:00							
5:30							
6:00							
6:30							
7:00							
7:30							
8:00							
8:30							
9:00							
9:30							
10:00							
10:30							
11:00							
11:30							
12:00							
Daily Totals							

Milestones:_____
_____

Date: _____   Age: _____

	Sleep	Breastfeed	Formula	Solids	Antigas	Diaper	Other Notes
12:00							
12:30							
1:00							
1:30							
2:00							
2:30							
3:00							
3:30							
4:00							
4:30							
5:00							
5:30							
6:00							
6:30							
7:00							
7:30							
8:00							
8:30							
9:00							
9:30							
10:00							
10:30							
11:00							
11:30							
12:00							
12:30							
1:00							
1:30							
2:00							
2:30							
3:00							
3:30							
4:00							
4:30							
5:00							
5:30							
6:00							
6:30							
7:00							
7:30							
8:00							
8:30							
9:00							
9:30							
10:00							
10:30							
11:00							
11:30							
12:00							
Daily Totals							

Milestones: _____
_____

Date: _____ Age: _____

	Sleep	Breastfeed	Formula	Solids	Antigas	Diaper	Other Notes
12:00							
12:30							
1:00							
1:30							
2:00							
2:30							
3:00							
3:30							
4:00							
4:30							
5:00							
5:30							
6:00							
6:30							
7:00							
7:30							
8:00							
8:30							
9:00							
9:30							
10:00							
10:30							
11:00							
11:30							
12:00							
12:30							
1:00							
1:30							
2:00							
2:30							
3:00							
3:30							
4:00							
4:30							
5:00							
5:30							
6:00							
6:30							
7:00							
7:30							
8:00							
8:30							
9:00							
9:30							
10:00							
10:30							
11:00							
11:30							
12:00							
Daily Totals							

Milestones: _____
_____

Date: _____   Age: _____

	Sleep	Breastfeed	Formula	Solids	Antigas	Diaper		Other Notes
12:00								
12:30								
1:00								
1:30								
2:00								
2:30								
3:00								
3:30								
4:00								
4:30								
5:00								
5:30								
6:00								
6:30								
7:00								
7:30								
8:00								
8:30								
9:00								
9:30								
10:00								
10:30								
11:00								
11:30								
12:00								
12:30								
1:00								
1:30								
2:00								
2:30								
3:00								
3:30								
4:00								
4:30								
5:00								
5:30								
6:00								
6:30								
7:00								
7:30								
8:00								
8:30								
9:00								
9:30								
10:00								
10:30								
11:00								
11:30								
12:00								
Daily Totals								

Milestones: _____

_____

Date: _____   Age: _____

	Sleep	Breastfeed	Formula	Solids	Antigas	Diaper	Other Notes
12:00							
12:30							
1:00							
1:30							
2:00							
2:30							
3:00							
3:30							
4:00							
4:30							
5:00							
5:30							
6:00							
6:30							
7:00							
7:30							
8:00							
8:30							
9:00							
9:30							
10:00							
10:30							
11:00							
11:30							
12:00							
12:30							
1:00							
1:30							
2:00							
2:30							
3:00							
3:30							
4:00							
4:30							
5:00							
5:30							
6:00							
6:30							
7:00							
7:30							
8:00							
8:30							
9:00							
9:30							
10:00							
10:30							
11:00							
11:30							
12:00							
Daily Totals							

Milestones: _____
_____

Date: _____   Age: _____

	Sleep	Breastfeed	Formula	Solids	Antigas	Diaper	Other Notes
12:00							
12:30							
1:00							
1:30							
2:00							
2:30							
3:00							
3:30							
4:00							
4:30							
5:00							
5:30							
6:00							
6:30							
7:00							
7:30							
8:00							
8:30							
9:00							
9:30							
10:00							
10:30							
11:00							
11:30							
12:00							
12:30							
1:00							
1:30							
2:00							
2:30							
3:00							
3:30							
4:00							
4:30							
5:00							
5:30							
6:00							
6:30							
7:00							
7:30							
8:00							
8:30							
9:00							
9:30							
10:00							
10:30							
11:00							
11:30							
12:00							
Daily Totals							

Milestones: _____

_____

Date: _____   Age: _____

	Sleep	Breastfeed	Formula	Solids	Antigas	Diaper	Other Notes
12:00							
12:30							
1:00							
1:30							
2:00							
2:30							
3:00							
3:30							
4:00							
4:30							
5:00							
5:30							
6:00							
6:30							
7:00							
7:30							
8:00							
8:30							
9:00							
9:30							
10:00							
10:30							
11:00							
11:30							
12:00							
12:30							
1:00							
1:30							
2:00							
2:30							
3:00							
3:30							
4:00							
4:30							
5:00							
5:30							
6:00							
6:30							
7:00							
7:30							
8:00							
8:30							
9:00							
9:30							
10:00							
10:30							
11:00							
11:30							
12:00							
Daily Totals							

Milestones: _____

_____

Date: _____   Age: _____

	Sleep	Breastfeed	Formula	Solids	Antigas	Diaper	Other Notes
12:00							
12:30							
1:00							
1:30							
2:00							
2:30							
3:00							
3:30							
4:00							
4:30							
5:00							
5:30							
6:00							
6:30							
7:00							
7:30							
8:00							
8:30							
9:00							
9:30							
10:00							
10:30							
11:00							
11:30							
12:00							
12:30							
1:00							
1:30							
2:00							
2:30							
3:00							
3:30							
4:00							
4:30							
5:00							
5:30							
6:00							
6:30							
7:00							
7:30							
8:00							
8:30							
9:00							
9:30							
10:00							
10:30							
11:00							
11:30							
12:00							
Daily Totals							

Milestones: _____

Date: _____ Age: _____

	Sleep	Breastfeed	Formula	Solids	Antigas	Diaper	Other Notes
12:00							
12:30							
1:00							
1:30							
2:00							
2:30							
3:00							
3:30							
4:00							
4:30							
5:00							
5:30							
6:00							
6:30							
7:00							
7:30							
8:00							
8:30							
9:00							
9:30							
10:00							
10:30							
11:00							
11:30							
12:00							
12:30							
1:00							
1:30							
2:00							
2:30							
3:00							
3:30							
4:00							
4:30							
5:00							
5:30							
6:00							
6:30							
7:00							
7:30							
8:00							
8:30							
9:00							
9:30							
10:00							
10:30							
11:00							
11:30							
12:00							
Daily Totals							

Milestones: _____

_____

Date: _____ Age: _____

	Sleep	Breastfeed	Formula	Solids	Antigas	Diaper		Other Notes
12:00								
12:30								
1:00								
1:30								
2:00								
2:30								
3:00								
3:30								
4:00								
4:30								
5:00								
5:30								
6:00								
6:30								
7:00								
7:30								
8:00								
8:30								
9:00								
9:30								
10:00								
10:30								
11:00								
11:30								
12:00								
12:30								
1:00								
1:30								
2:00								
2:30								
3:00								
3:30								
4:00								
4:30								
5:00								
5:30								
6:00								
6:30								
7:00								
7:30								
8:00								
8:30								
9:00								
9:30								
10:00								
10:30								
11:00								
11:30								
12:00								
Daily Totals								

Milestones: _____

_____

Date: _____ Age: _____

	Sleep	Breastfeed	Formula	Solids	Antigas	Diaper	Other Notes
12:00							
12:30							
1:00							
1:30							
2:00							
2:30							
3:00							
3:30							
4:00							
4:30							
5:00							
5:30							
6:00							
6:30							
7:00							
7:30							
8:00							
8:30							
9:00							
9:30							
10:00							
10:30							
11:00							
11:30							
12:00							
12:30							
1:00							
1:30							
2:00							
2:30							
3:00							
3:30							
4:00							
4:30							
5:00							
5:30							
6:00							
6:30							
7:00							
7:30							
8:00							
8:30							
9:00							
9:30							
10:00							
10:30							
11:00							
11:30							
12:00							
Daily Totals							

Milestones: _____
_____

Date: _____ Age: _____

	Sleep	Breastfeed	Formula	Solids	Antigas	Diaper		Other Notes
12:00								
12:30								
1:00								
1:30								
2:00								
2:30								
3:00								
3:30								
4:00								
4:30								
5:00								
5:30								
6:00								
6:30								
7:00								
7:30								
8:00								
8:30								
9:00								
9:30								
10:00								
10:30								
11:00								
11:30								
12:00								
12:30								
1:00								
1:30								
2:00								
2:30								
3:00								
3:30								
4:00								
4:30								
5:00								
5:30								
6:00								
6:30								
7:00								
7:30								
8:00								
8:30								
9:00								
9:30								
10:00								
10:30								
11:00								
11:30								
12:00								
Daily Totals								

Milestones: _____

_____

Date: _____ Age: _____

	Sleep	Breastfeed	Formula	Solids	Antigas	Diaper	Other Notes
12:00							
12:30							
1:00							
1:30							
2:00							
2:30							
3:00							
3:30							
4:00							
4:30							
5:00							
5:30							
6:00							
6:30							
7:00							
7:30							
8:00							
8:30							
9:00							
9:30							
10:00							
10:30							
11:00							
11:30							
12:00							
12:30							
1:00							
1:30							
2:00							
2:30							
3:00							
3:30							
4:00							
4:30							
5:00							
5:30							
6:00							
6:30							
7:00							
7:30							
8:00							
8:30							
9:00							
9:30							
10:00							
10:30							
11:00							
11:30							
12:00							
Daily Totals							

Milestones: _____
_____

Date:_____ Age:_____

	Sleep	Breastfeed	Formula	Solids	Antigas	Diaper		Other Notes
12:00								
12:30								
1:00								
1:30								
2:00								
2:30								
3:00								
3:30								
4:00								
4:30								
5:00								
5:30								
6:00								
6:30								
7:00								
7:30								
8:00								
8:30								
9:00								
9:30								
10:00								
10:30								
11:00								
11:30								
12:00								
12:30								
1:00								
1:30								
2:00								
2:30								
3:00								
3:30								
4:00								
4:30								
5:00								
5:30								
6:00								
6:30								
7:00								
7:30								
8:00								
8:30								
9:00								
9:30								
10:00								
10:30								
11:00								
11:30								
12:00								
Daily Totals								

Milestones:_____

_____

Date: _____   Age: _____

	Sleep	Breastfeed	Formula	Solids	Antigas	Diaper	Other Notes
12:00							
12:30							
1:00							
1:30							
2:00							
2:30							
3:00							
3:30							
4:00							
4:30							
5:00							
5:30							
6:00							
6:30							
7:00							
7:30							
8:00							
8:30							
9:00							
9:30							
10:00							
10:30							
11:00							
11:30							
12:00							
12:30							
1:00							
1:30							
2:00							
2:30							
3:00							
3:30							
4:00							
4:30							
5:00							
5:30							
6:00							
6:30							
7:00							
7:30							
8:00							
8:30							
9:00							
9:30							
10:00							
10:30							
11:00							
11:30							
12:00							
Daily Totals							

Milestones: _____
_____

Date: _____ Age: _____

	Sleep	Breastfeed	Formula	Solids	Antigas	Diaper	Other Notes
12:00							
12:30							
1:00							
1:30							
2:00							
2:30							
3:00							
3:30							
4:00							
4:30							
5:00							
5:30							
6:00							
6:30							
7:00							
7:30							
8:00							
8:30							
9:00							
9:30							
10:00							
10:30							
11:00							
11:30							
12:00							
12:30							
1:00							
1:30							
2:00							
2:30							
3:00							
3:30							
4:00							
4:30							
5:00							
5:30							
6:00							
6:30							
7:00							
7:30							
8:00							
8:30							
9:00							
9:30							
10:00							
10:30							
11:00							
11:30							
12:00							
Daily Totals							

Milestones: _____

_____

Date: _____ Age: _____

	Sleep	Breastfeed	Formula	Solids	Antigas	Diaper		Other Notes
12:00								
12:30								
1:00								
1:30								
2:00								
2:30								
3:00								
3:30								
4:00								
4:30								
5:00								
5:30								
6:00								
6:30								
7:00								
7:30								
8:00								
8:30								
9:00								
9:30								
10:00								
10:30								
11:00								
11:30								
12:00								
12:30								
1:00								
1:30								
2:00								
2:30								
3:00								
3:30								
4:00								
4:30								
5:00								
5:30								
6:00								
6:30								
7:00								
7:30								
8:00								
8:30								
9:00								
9:30								
10:00								
10:30								
11:00								
11:30								
12:00								
Daily Totals								

Milestones: _____
_____

Date: _____   Age: _____

	Sleep	Breastfeed	Formula	Solids	Antigas	Diaper	Other Notes
12:00							
12:30							
1:00							
1:30							
2:00							
2:30							
3:00							
3:30							
4:00							
4:30							
5:00							
5:30							
6:00							
6:30							
7:00							
7:30							
8:00							
8:30							
9:00							
9:30							
10:00							
10:30							
11:00							
11:30							
12:00							
12:30							
1:00							
1:30							
2:00							
2:30							
3:00							
3:30							
4:00							
4:30							
5:00							
5:30							
6:00							
6:30							
7:00							
7:30							
8:00							
8:30							
9:00							
9:30							
10:00							
10:30							
11:00							
11:30							
12:00							
Daily Totals							

Milestones: _____

_____

Date: _____   Age: _____

	Sleep	Breastfeed	Formula	Solids	Antigas	Diaper	Other Notes
12:00							
12:30							
1:00							
1:30							
2:00							
2:30							
3:00							
3:30							
4:00							
4:30							
5:00							
5:30							
6:00							
6:30							
7:00							
7:30							
8:00							
8:30							
9:00							
9:30							
10:00							
10:30							
11:00							
11:30							
12:00							
12:30							
1:00							
1:30							
2:00							
2:30							
3:00							
3:30							
4:00							
4:30							
5:00							
5:30							
6:00							
6:30							
7:00							
7:30							
8:00							
8:30							
9:00							
9:30							
10:00							
10:30							
11:00							
11:30							
12:00							
Daily Totals							

Milestones: _____
_____

Date:_____ Age:_____

	Sleep	Breastfeed	Formula	Solids	Antigas	Diaper		Other Notes
12:00								
12:30								
1:00								
1:30								
2:00								
2:30								
3:00								
3:30								
4:00								
4:30								
5:00								
5:30								
6:00								
6:30								
7:00								
7:30								
8:00								
8:30								
9:00								
9:30								
10:00								
10:30								
11:00								
11:30								
12:00								
12:30								
1:00								
1:30								
2:00								
2:30								
3:00								
3:30								
4:00								
4:30								
5:00								
5:30								
6:00								
6:30								
7:00								
7:30								
8:00								
8:30								
9:00								
9:30								
10:00								
10:30								
11:00								
11:30								
12:00								
Daily Totals								

Milestones:_____

_____

Date: _____   Age: _____

	Sleep	Breastfeed	Formula	Solids	Antigas	Diaper	Other Notes
12:00							
12:30							
1:00							
1:30							
2:00							
2:30							
3:00							
3:30							
4:00							
4:30							
5:00							
5:30							
6:00							
6:30							
7:00							
7:30							
8:00							
8:30							
9:00							
9:30							
10:00							
10:30							
11:00							
11:30							
12:00							
12:30							
1:00							
1:30							
2:00							
2:30							
3:00							
3:30							
4:00							
4:30							
5:00							
5:30							
6:00							
6:30							
7:00							
7:30							
8:00							
8:30							
9:00							
9:30							
10:00							
10:30							
11:00							
11:30							
12:00							
Daily Totals							

Milestones: _____
_____

Date: _____   Age: _____

	Sleep	Breastfeed	Formula	Solids	Antigas	Diaper	Other Notes
12:00							
12:30							
1:00							
1:30							
2:00							
2:30							
3:00							
3:30							
4:00							
4:30							
5:00							
5:30							
6:00							
6:30							
7:00							
7:30							
8:00							
8:30							
9:00							
9:30							
10:00							
10:30							
11:00							
11:30							
12:00							
12:30							
1:00							
1:30							
2:00							
2:30							
3:00							
3:30							
4:00							
4:30							
5:00							
5:30							
6:00							
6:30							
7:00							
7:30							
8:00							
8:30							
9:00							
9:30							
10:00							
10:30							
11:00							
11:30							
12:00							
Daily Totals							

Milestones: _____

_____

Date: _____   Age: _____

	Sleep	Breastfeed	Formula	Solids	Antigas	Diaper	Other Notes
12:00							
12:30							
1:00							
1:30							
2:00							
2:30							
3:00							
3:30							
4:00							
4:30							
5:00							
5:30							
6:00							
6:30							
7:00							
7:30							
8:00							
8:30							
9:00							
9:30							
10:00							
10:30							
11:00							
11:30							
12:00							
12:30							
1:00							
1:30							
2:00							
2:30							
3:00							
3:30							
4:00							
4:30							
5:00							
5:30							
6:00							
6:30							
7:00							
7:30							
8:00							
8:30							
9:00							
9:30							
10:00							
10:30							
11:00							
11:30							
12:00							
Daily Totals							

Milestones: _____

_____

Date: _____   Age: _____

	Sleep	Breastfeed	Formula	Solids	Antigas	Diaper	Other Notes
12:00							
12:30							
1:00							
1:30							
2:00							
2:30							
3:00							
3:30							
4:00							
4:30							
5:00							
5:30							
6:00							
6:30							
7:00							
7:30							
8:00							
8:30							
9:00							
9:30							
10:00							
10:30							
11:00							
11:30							
12:00							
12:30							
1:00							
1:30							
2:00							
2:30							
3:00							
3:30							
4:00							
4:30							
5:00							
5:30							
6:00							
6:30							
7:00							
7:30							
8:00							
8:30							
9:00							
9:30							
10:00							
10:30							
11:00							
11:30							
12:00							
Daily Totals							

Milestones: _____
_____

Date: _____ Age: _____

	Sleep	Breastfeed	Formula	Solids	Antigas	Diaper	Other Notes
12:00							
12:30							
1:00							
1:30							
2:00							
2:30							
3:00							
3:30							
4:00							
4:30							
5:00							
5:30							
6:00							
6:30							
7:00							
7:30							
8:00							
8:30							
9:00							
9:30							
10:00							
10:30							
11:00							
11:30							
12:00							
12:30							
1:00							
1:30							
2:00							
2:30							
3:00							
3:30							
4:00							
4:30							
5:00							
5:30							
6:00							
6:30							
7:00							
7:30							
8:00							
8:30							
9:00							
9:30							
10:00							
10:30							
11:00							
11:30							
12:00							
Daily Totals							

Milestones: _____

_____

Date:_____ Age:_____

	Sleep	Breastfeed	Formula	Solids	Antigas	Diaper	Other Notes
12:00							
12:30							
1:00							
1:30							
2:00							
2:30							
3:00							
3:30							
4:00							
4:30							
5:00							
5:30							
6:00							
6:30							
7:00							
7:30							
8:00							
8:30							
9:00							
9:30							
10:00							
10:30							
11:00							
11:30							
12:00							
12:30							
1:00							
1:30							
2:00							
2:30							
3:00							
3:30							
4:00							
4:30							
5:00							
5:30							
6:00							
6:30							
7:00							
7:30							
8:00							
8:30							
9:00							
9:30							
10:00							
10:30							
11:00							
11:30							
12:00							
Daily Totals							

Milestones:_____

_____

Date: _____ Age: _____

	Sleep	Breastfeed	Formula	Solids	Antigas	Diaper	Other Notes
12:00							
12:30							
1:00							
1:30							
2:00							
2:30							
3:00							
3:30							
4:00							
4:30							
5:00							
5:30							
6:00							
6:30							
7:00							
7:30							
8:00							
8:30							
9:00							
9:30							
10:00							
10:30							
11:00							
11:30							
12:00							
12:30							
1:00							
1:30							
2:00							
2:30							
3:00							
3:30							
4:00							
4:30							
5:00							
5:30							
6:00							
6:30							
7:00							
7:30							
8:00							
8:30							
9:00							
9:30							
10:00							
10:30							
11:00							
11:30							
12:00							
Daily Totals							

Milestones: _____
_____

Date: _____ Age: _____

	Sleep	Breastfeed	Formula	Solids	Antigas	Diaper	Other Notes
12:00							
12:30							
1:00							
1:30							
2:00							
2:30							
3:00							
3:30							
4:00							
4:30							
5:00							
5:30							
6:00							
6:30							
7:00							
7:30							
8:00							
8:30							
9:00							
9:30							
10:00							
10:30							
11:00							
11:30							
12:00							
12:30							
1:00							
1:30							
2:00							
2:30							
3:00							
3:30							
4:00							
4:30							
5:00							
5:30							
6:00							
6:30							
7:00							
7:30							
8:00							
8:30							
9:00							
9:30							
10:00							
10:30							
11:00							
11:30							
12:00							
Daily Totals							

Milestones: _____

_____

Date: _____   Age: _____

	Sleep	Breastfeed	Formula	Solids	Antigas	Diaper	Other Notes
12:00							
12:30							
1:00							
1:30							
2:00							
2:30							
3:00							
3:30							
4:00							
4:30							
5:00							
5:30							
6:00							
6:30							
7:00							
7:30							
8:00							
8:30							
9:00							
9:30							
10:00							
10:30							
11:00							
11:30							
12:00							
12:30							
1:00							
1:30							
2:00							
2:30							
3:00							
3:30							
4:00							
4:30							
5:00							
5:30							
6:00							
6:30							
7:00							
7:30							
8:00							
8:30							
9:00							
9:30							
10:00							
10:30							
11:00							
11:30							
12:00							
Daily Totals							

Milestones: _____

_____

Date:_____ Age:_____

	Sleep	Breastfeed	Formula	Solids	Antigas	Diaper		Other Notes
12:00								
12:30								
1:00								
1:30								
2:00								
2:30								
3:00								
3:30								
4:00								
4:30								
5:00								
5:30								
6:00								
6:30								
7:00								
7:30								
8:00								
8:30								
9:00								
9:30								
10:00								
10:30								
11:00								
11:30								
12:00								
12:30								
1:00								
1:30								
2:00								
2:30								
3:00								
3:30								
4:00								
4:30								
5:00								
5:30								
6:00								
6:30								
7:00								
7:30								
8:00								
8:30								
9:00								
9:30								
10:00								
10:30								
11:00								
11:30								
12:00								
Daily Totals								

Milestones:_____

_____

Date: _____ Age: _____

	Sleep	Breastfeed	Formula	Solids	Antigas	Diaper	Other Notes
12:00							
12:30							
1:00							
1:30							
2:00							
2:30							
3:00							
3:30							
4:00							
4:30							
5:00							
5:30							
6:00							
6:30							
7:00							
7:30							
8:00							
8:30							
9:00							
9:30							
10:00							
10:30							
11:00							
11:30							
12:00							
12:30							
1:00							
1:30							
2:00							
2:30							
3:00							
3:30							
4:00							
4:30							
5:00							
5:30							
6:00							
6:30							
7:00							
7:30							
8:00							
8:30							
9:00							
9:30							
10:00							
10:30							
11:00							
11:30							
12:00							
Daily Totals							

Milestones: _____

_____

Date: _____ Age: _____

	Sleep	Breastfeed	Formula	Solids	Antigas	Diaper		Other Notes
12:00								
12:30								
1:00								
1:30								
2:00								
2:30								
3:00								
3:30								
4:00								
4:30								
5:00								
5:30								
6:00								
6:30								
7:00								
7:30								
8:00								
8:30								
9:00								
9:30								
10:00								
10:30								
11:00								
11:30								
12:00								
12:30								
1:00								
1:30								
2:00								
2:30								
3:00								
3:30								
4:00								
4:30								
5:00								
5:30								
6:00								
6:30								
7:00								
7:30								
8:00								
8:30								
9:00								
9:30								
10:00								
10:30								
11:00								
11:30								
12:00								
Daily Totals								

Milestones: _____

_____

Date: _____ Age: _____

	Sleep	Breastfeed	Formula	Solids	Antigas	Diaper	Other Notes
12:00							
12:30							
1:00							
1:30							
2:00							
2:30							
3:00							
3:30							
4:00							
4:30							
5:00							
5:30							
6:00							
6:30							
7:00							
7:30							
8:00							
8:30							
9:00							
9:30							
10:00							
10:30							
11:00							
11:30							
12:00							
12:30							
1:00							
1:30							
2:00							
2:30							
3:00							
3:30							
4:00							
4:30							
5:00							
5:30							
6:00							
6:30							
7:00							
7:30							
8:00							
8:30							
9:00							
9:30							
10:00							
10:30							
11:00							
11:30							
12:00							
Daily Totals							

Milestones: _____

_____

Date:_____ Age:_____

	Sleep	Breastfeed	Formula	Solids	Antigas	Diaper	Other Notes
12:00							
12:30							
1:00							
1:30							
2:00							
2:30							
3:00							
3:30							
4:00							
4:30							
5:00							
5:30							
6:00							
6:30							
7:00							
7:30							
8:00							
8:30							
9:00							
9:30							
10:00							
10:30							
11:00							
11:30							
12:00							
12:30							
1:00							
1:30							
2:00							
2:30							
3:00							
3:30							
4:00							
4:30							
5:00							
5:30							
6:00							
6:30							
7:00							
7:30							
8:00							
8:30							
9:00							
9:30							
10:00							
10:30							
11:00							
11:30							
12:00							
Daily Totals							

Milestones:_____

_____

Date: _____   Age: _____

	Sleep	Breastfeed	Formula	Solids	Antigas	Diaper	Other Notes
12:00							
12:30							
1:00							
1:30							
2:00							
2:30							
3:00							
3:30							
4:00							
4:30							
5:00							
5:30							
6:00							
6:30							
7:00							
7:30							
8:00							
8:30							
9:00							
9:30							
10:00							
10:30							
11:00							
11:30							
12:00							
12:30							
1:00							
1:30							
2:00							
2:30							
3:00							
3:30							
4:00							
4:30							
5:00							
5:30							
6:00							
6:30							
7:00							
7:30							
8:00							
8:30							
9:00							
9:30							
10:00							
10:30							
11:00							
11:30							
12:00							
Daily Totals							

Milestones: _____

_____

Date: _____   Age: _____

	Sleep	Breastfeed	Formula	Solids	Antigas	Diaper	Other Notes
12:00							
12:30							
1:00							
1:30							
2:00							
2:30							
3:00							
3:30							
4:00							
4:30							
5:00							
5:30							
6:00							
6:30							
7:00							
7:30							
8:00							
8:30							
9:00							
9:30							
10:00							
10:30							
11:00							
11:30							
12:00							
12:30							
1:00							
1:30							
2:00							
2:30							
3:00							
3:30							
4:00							
4:30							
5:00							
5:30							
6:00							
6:30							
7:00							
7:30							
8:00							
8:30							
9:00							
9:30							
10:00							
10:30							
11:00							
11:30							
12:00							
Daily Totals							

Milestones: _____

_____

Date: _____   Age: _____

	Sleep	Breastfeed	Formula	Solids	Antigas	Diaper	Other Notes
12:00							
12:30							
1:00							
1:30							
2:00							
2:30							
3:00							
3:30							
4:00							
4:30							
5:00							
5:30							
6:00							
6:30							
7:00							
7:30							
8:00							
8:30							
9:00							
9:30							
10:00							
10:30							
11:00							
11:30							
12:00							
12:30							
1:00							
1:30							
2:00							
2:30							
3:00							
3:30							
4:00							
4:30							
5:00							
5:30							
6:00							
6:30							
7:00							
7:30							
8:00							
8:30							
9:00							
9:30							
10:00							
10:30							
11:00							
11:30							
12:00							
Daily Totals							

Milestones: _____

_____

Date: _____ Age: _____

Time	Sleep	Breastfeed	Formula	Solids	Antigas	Diaper	Other Notes
12:00							
12:30							
1:00							
1:30							
2:00							
2:30							
3:00							
3:30							
4:00							
4:30							
5:00							
5:30							
6:00							
6:30							
7:00							
7:30							
8:00							
8:30							
9:00							
9:30							
10:00							
10:30							
11:00							
11:30							
12:00							
12:30							
1:00							
1:30							
2:00							
2:30							
3:00							
3:30							
4:00							
4:30							
5:00							
5:30							
6:00							
6:30							
7:00							
7:30							
8:00							
8:30							
9:00							
9:30							
10:00							
10:30							
11:00							
11:30							
12:00							
Daily Totals							

Milestones: _____

_____

Date: _____ Age: _____

	Sleep	Breastfeed	Formula	Solids	Antigas	Diaper	Other Notes
12:00							
12:30							
1:00							
1:30							
2:00							
2:30							
3:00							
3:30							
4:00							
4:30							
5:00							
5:30							
6:00							
6:30							
7:00							
7:30							
8:00							
8:30							
9:00							
9:30							
10:00							
10:30							
11:00							
11:30							
12:00							
12:30							
1:00							
1:30							
2:00							
2:30							
3:00							
3:30							
4:00							
4:30							
5:00							
5:30							
6:00							
6:30							
7:00							
7:30							
8:00							
8:30							
9:00							
9:30							
10:00							
10:30							
11:00							
11:30							
12:00							
Daily Totals							

Milestones: _____
_____

Date: _____ Age: _____

	Sleep	Breastfeed	Formula	Solids	Antigas	Diaper	Other Notes
12:00							
12:30							
1:00							
1:30							
2:00							
2:30							
3:00							
3:30							
4:00							
4:30							
5:00							
5:30							
6:00							
6:30							
7:00							
7:30							
8:00							
8:30							
9:00							
9:30							
10:00							
10:30							
11:00							
11:30							
12:00							
12:30							
1:00							
1:30							
2:00							
2:30							
3:00							
3:30							
4:00							
4:30							
5:00							
5:30							
6:00							
6:30							
7:00							
7:30							
8:00							
8:30							
9:00							
9:30							
10:00							
10:30							
11:00							
11:30							
12:00							
Daily Totals							

Milestones: _____

_____

Date: _____   Age: _____

	Sleep	Breastfeed	Formula	Solids	Antigas	Diaper	Other Notes
12:00							
12:30							
1:00							
1:30							
2:00							
2:30							
3:00							
3:30							
4:00							
4:30							
5:00							
5:30							
6:00							
6:30							
7:00							
7:30							
8:00							
8:30							
9:00							
9:30							
10:00							
10:30							
11:00							
11:30							
12:00							
12:30							
1:00							
1:30							
2:00							
2:30							
3:00							
3:30							
4:00							
4:30							
5:00							
5:30							
6:00							
6:30							
7:00							
7:30							
8:00							
8:30							
9:00							
9:30							
10:00							
10:30							
11:00							
11:30							
12:00							
Daily Totals							

Milestones: _____

_____

Date: _____   Age: _____

	Sleep	Breastfeed	Formula	Solids	Antigas	Diaper	Other Notes
12:00							
12:30							
1:00							
1:30							
2:00							
2:30							
3:00							
3:30							
4:00							
4:30							
5:00							
5:30							
6:00							
6:30							
7:00							
7:30							
8:00							
8:30							
9:00							
9:30							
10:00							
10:30							
11:00							
11:30							
12:00							
12:30							
1:00							
1:30							
2:00							
2:30							
3:00							
3:30							
4:00							
4:30							
5:00							
5:30							
6:00							
6:30							
7:00							
7:30							
8:00							
8:30							
9:00							
9:30							
10:00							
10:30							
11:00							
11:30							
12:00							
Daily Totals							

Milestones: _____

_____

Date: _____ Age: _____

	Sleep	Breastfeed	Formula	Solids	Antigas	Diaper	Other Notes
12:00							
12:30							
1:00							
1:30							
2:00							
2:30							
3:00							
3:30							
4:00							
4:30							
5:00							
5:30							
6:00							
6:30							
7:00							
7:30							
8:00							
8:30							
9:00							
9:30							
10:00							
10:30							
11:00							
11:30							
12:00							
12:30							
1:00							
1:30							
2:00							
2:30							
3:00							
3:30							
4:00							
4:30							
5:00							
5:30							
6:00							
6:30							
7:00							
7:30							
8:00							
8:30							
9:00							
9:30							
10:00							
10:30							
11:00							
11:30							
12:00							
Daily Totals							

Milestones: _____

_____

Date: _____   Age: _____

	Sleep	Breastfeed	Formula	Solids	Antigas	Diaper		Other Notes
12:00								
12:30								
1:00								
1:30								
2:00								
2:30								
3:00								
3:30								
4:00								
4:30								
5:00								
5:30								
6:00								
6:30								
7:00								
7:30								
8:00								
8:30								
9:00								
9:30								
10:00								
10:30								
11:00								
11:30								
12:00								
12:30								
1:00								
1:30								
2:00								
2:30								
3:00								
3:30								
4:00								
4:30								
5:00								
5:30								
6:00								
6:30								
7:00								
7:30								
8:00								
8:30								
9:00								
9:30								
10:00								
10:30								
11:00								
11:30								
12:00								
Daily Totals								

Milestones: _____

_____

Date: _____   Age: _____

	Sleep	Breastfeed	Formula	Solids	Antigas	Diaper	Other Notes
12:00							
12:30							
1:00							
1:30							
2:00							
2:30							
3:00							
3:30							
4:00							
4:30							
5:00							
5:30							
6:00							
6:30							
7:00							
7:30							
8:00							
8:30							
9:00							
9:30							
10:00							
10:30							
11:00							
11:30							
12:00							
12:30							
1:00							
1:30							
2:00							
2:30							
3:00							
3:30							
4:00							
4:30							
5:00							
5:30							
6:00							
6:30							
7:00							
7:30							
8:00							
8:30							
9:00							
9:30							
10:00							
10:30							
11:00							
11:30							
12:00							
Daily Totals							

Milestones: _____

_____

Date: _____   Age: _____

	Sleep	Breastfeed	Formula	Solids	Antigas	Diaper		Other Notes
12:00								
12:30								
1:00								
1:30								
2:00								
2:30								
3:00								
3:30								
4:00								
4:30								
5:00								
5:30								
6:00								
6:30								
7:00								
7:30								
8:00								
8:30								
9:00								
9:30								
10:00								
10:30								
11:00								
11:30								
12:00								
12:30								
1:00								
1:30								
2:00								
2:30								
3:00								
3:30								
4:00								
4:30								
5:00								
5:30								
6:00								
6:30								
7:00								
7:30								
8:00								
8:30								
9:00								
9:30								
10:00								
10:30								
11:00								
11:30								
12:00								
Daily Totals								

Milestones: _____

_____

Date: _____ Age: _____

	Sleep	Breastfeed	Formula	Solids	Antigas	Diaper	Other Notes
12:00							
12:30							
1:00							
1:30							
2:00							
2:30							
3:00							
3:30							
4:00							
4:30							
5:00							
5:30							
6:00							
6:30							
7:00							
7:30							
8:00							
8:30							
9:00							
9:30							
10:00							
10:30							
11:00							
11:30							
12:00							
12:30							
1:00							
1:30							
2:00							
2:30							
3:00							
3:30							
4:00							
4:30							
5:00							
5:30							
6:00							
6:30							
7:00							
7:30							
8:00							
8:30							
9:00							
9:30							
10:00							
10:30							
11:00							
11:30							
12:00							
Daily Totals							

Milestones: _____
_____

Date: _____ Age: _____

	Sleep	Breastfeed	Formula	Solids	Antigas	Diaper	Other Notes
12:00							
12:30							
1:00							
1:30							
2:00							
2:30							
3:00							
3:30							
4:00							
4:30							
5:00							
5:30							
6:00							
6:30							
7:00							
7:30							
8:00							
8:30							
9:00							
9:30							
10:00							
10:30							
11:00							
11:30							
12:00							
12:30							
1:00							
1:30							
2:00							
2:30							
3:00							
3:30							
4:00							
4:30							
5:00							
5:30							
6:00							
6:30							
7:00							
7:30							
8:00							
8:30							
9:00							
9:30							
10:00							
10:30							
11:00							
11:30							
12:00							
Daily Totals							

Milestones: _____
_____

Date: _____   Age: _____

	Sleep	Breastfeed	Formula	Solids	Antigas	Diaper		Other Notes
12:00								
12:30								
1:00								
1:30								
2:00								
2:30								
3:00								
3:30								
4:00								
4:30								
5:00								
5:30								
6:00								
6:30								
7:00								
7:30								
8:00								
8:30								
9:00								
9:30								
10:00								
10:30								
11:00								
11:30								
12:00								
12:30								
1:00								
1:30								
2:00								
2:30								
3:00								
3:30								
4:00								
4:30								
5:00								
5:30								
6:00								
6:30								
7:00								
7:30								
8:00								
8:30								
9:00								
9:30								
10:00								
10:30								
11:00								
11:30								
12:00								
Daily Totals								

Milestones: _____
_____

Date:_____ Age:_____

	Sleep	Breastfeed	Formula	Solids	Antigas	Diaper		Other Notes
12:00								
12:30								
1:00								
1:30								
2:00								
2:30								
3:00								
3:30								
4:00								
4:30								
5:00								
5:30								
6:00								
6:30								
7:00								
7:30								
8:00								
8:30								
9:00								
9:30								
10:00								
10:30								
11:00								
11:30								
12:00								
12:30								
1:00								
1:30								
2:00								
2:30								
3:00								
3:30								
4:00								
4:30								
5:00								
5:30								
6:00								
6:30								
7:00								
7:30								
8:00								
8:30								
9:00								
9:30								
10:00								
10:30								
11:00								
11:30								
12:00								
Daily Totals								

Milestones:_____

_____

Date: _____   Age: _____

	Sleep	Breastfeed	Formula	Solids	Antigas	Diaper	Other Notes
12:00							
12:30							
1:00							
1:30							
2:00							
2:30							
3:00							
3:30							
4:00							
4:30							
5:00							
5:30							
6:00							
6:30							
7:00							
7:30							
8:00							
8:30							
9:00							
9:30							
10:00							
10:30							
11:00							
11:30							
12:00							
12:30							
1:00							
1:30							
2:00							
2:30							
3:00							
3:30							
4:00							
4:30							
5:00							
5:30							
6:00							
6:30							
7:00							
7:30							
8:00							
8:30							
9:00							
9:30							
10:00							
10:30							
11:00							
11:30							
12:00							
Daily Totals							

Milestones: _____
_____

Date: _____ Age: _____

	Sleep	Breastfeed	Formula	Solids	Antigas	Diaper		Other Notes
12:00								
12:30								
1:00								
1:30								
2:00								
2:30								
3:00								
3:30								
4:00								
4:30								
5:00								
5:30								
6:00								
6:30								
7:00								
7:30								
8:00								
8:30								
9:00								
9:30								
10:00								
10:30								
11:00								
11:30								
12:00								
12:30								
1:00								
1:30								
2:00								
2:30								
3:00								
3:30								
4:00								
4:30								
5:00								
5:30								
6:00								
6:30								
7:00								
7:30								
8:00								
8:30								
9:00								
9:30								
10:00								
10:30								
11:00								
11:30								
12:00								
Daily Totals								

Milestones: _____
_____

Date: _____   Age: _____

	Sleep	Breastfeed	Formula	Solids	Antigas	Diaper	Other Notes
12:00							
12:30							
1:00							
1:30							
2:00							
2:30							
3:00							
3:30							
4:00							
4:30							
5:00							
5:30							
6:00							
6:30							
7:00							
7:30							
8:00							
8:30							
9:00							
9:30							
10:00							
10:30							
11:00							
11:30							
12:00							
12:30							
1:00							
1:30							
2:00							
2:30							
3:00							
3:30							
4:00							
4:30							
5:00							
5:30							
6:00							
6:30							
7:00							
7:30							
8:00							
8:30							
9:00							
9:30							
10:00							
10:30							
11:00							
11:30							
12:00							
Daily Totals							

Milestones: _____
_____

Date: _____   Age: _____

	Sleep	Breastfeed	Formula	Solids	Antigas	Diaper	Other Notes
12:00							
12:30							
1:00							
1:30							
2:00							
2:30							
3:00							
3:30							
4:00							
4:30							
5:00							
5:30							
6:00							
6:30							
7:00							
7:30							
8:00							
8:30							
9:00							
9:30							
10:00							
10:30							
11:00							
11:30							
12:00							
12:30							
1:00							
1:30							
2:00							
2:30							
3:00							
3:30							
4:00							
4:30							
5:00							
5:30							
6:00							
6:30							
7:00							
7:30							
8:00							
8:30							
9:00							
9:30							
10:00							
10:30							
11:00							
11:30							
12:00							
Daily Totals							

Milestones: _____

_____

Date: _____   Age: _____

	Sleep	Breastfeed	Formula	Solids	Antigas	Diaper		Other Notes
12:00								
12:30								
1:00								
1:30								
2:00								
2:30								
3:00								
3:30								
4:00								
4:30								
5:00								
5:30								
6:00								
6:30								
7:00								
7:30								
8:00								
8:30								
9:00								
9:30								
10:00								
10:30								
11:00								
11:30								
12:00								
12:30								
1:00								
1:30								
2:00								
2:30								
3:00								
3:30								
4:00								
4:30								
5:00								
5:30								
6:00								
6:30								
7:00								
7:30								
8:00								
8:30								
9:00								
9:30								
10:00								
10:30								
11:00								
11:30								
12:00								
Daily Totals								

Milestones: _____
_____

Date: _____ Age: _____

	Sleep	Breastfeed	Formula	Solids	Antigas	Diaper	Other Notes
12:00							
12:30							
1:00							
1:30							
2:00							
2:30							
3:00							
3:30							
4:00							
4:30							
5:00							
5:30							
6:00							
6:30							
7:00							
7:30							
8:00							
8:30							
9:00							
9:30							
10:00							
10:30							
11:00							
11:30							
12:00							
12:30							
1:00							
1:30							
2:00							
2:30							
3:00							
3:30							
4:00							
4:30							
5:00							
5:30							
6:00							
6:30							
7:00							
7:30							
8:00							
8:30							
9:00							
9:30							
10:00							
10:30							
11:00							
11:30							
12:00							
Daily Totals							

Milestones: _____

_____

Date: _____   Age: _____

	Sleep	Breastfeed	Formula	Solids	Antigas	Diaper	Other Notes
12:00							
12:30							
1:00							
1:30							
2:00							
2:30							
3:00							
3:30							
4:00							
4:30							
5:00							
5:30							
6:00							
6:30							
7:00							
7:30							
8:00							
8:30							
9:00							
9:30							
10:00							
10:30							
11:00							
11:30							
12:00							
12:30							
1:00							
1:30							
2:00							
2:30							
3:00							
3:30							
4:00							
4:30							
5:00							
5:30							
6:00							
6:30							
7:00							
7:30							
8:00							
8:30							
9:00							
9:30							
10:00							
10:30							
11:00							
11:30							
12:00							
Daily Totals							

Milestones: _____

_____

Date:_____   Age:_____

	Sleep	Breastfeed	Formula	Solids	Antigas	Diaper	Other Notes
12:00							
12:30							
1:00							
1:30							
2:00							
2:30							
3:00							
3:30							
4:00							
4:30							
5:00							
5:30							
6:00							
6:30							
7:00							
7:30							
8:00							
8:30							
9:00							
9:30							
10:00							
10:30							
11:00							
11:30							
12:00							
12:30							
1:00							
1:30							
2:00							
2:30							
3:00							
3:30							
4:00							
4:30							
5:00							
5:30							
6:00							
6:30							
7:00							
7:30							
8:00							
8:30							
9:00							
9:30							
10:00							
10:30							
11:00							
11:30							
12:00							
Daily Totals							

Milestones:_____
_____

Date: _____ Age: _____

	Sleep	Breastfeed	Formula	Solids	Antigas	Diaper	Other Notes
12:00							
12:30							
1:00							
1:30							
2:00							
2:30							
3:00							
3:30							
4:00							
4:30							
5:00							
5:30							
6:00							
6:30							
7:00							
7:30							
8:00							
8:30							
9:00							
9:30							
10:00							
10:30							
11:00							
11:30							
12:00							
12:30							
1:00							
1:30							
2:00							
2:30							
3:00							
3:30							
4:00							
4:30							
5:00							
5:30							
6:00							
6:30							
7:00							
7:30							
8:00							
8:30							
9:00							
9:30							
10:00							
10:30							
11:00							
11:30							
12:00							
Daily Totals							

Milestones: _____

_____

Date:_____   Age:_____

	Sleep	Breastfeed	Formula	Solids	Antigas	Diaper	Other Notes
12:00							
12:30							
1:00							
1:30							
2:00							
2:30							
3:00							
3:30							
4:00							
4:30							
5:00							
5:30							
6:00							
6:30							
7:00							
7:30							
8:00							
8:30							
9:00							
9:30							
10:00							
10:30							
11:00							
11:30							
12:00							
12:30							
1:00							
1:30							
2:00							
2:30							
3:00							
3:30							
4:00							
4:30							
5:00							
5:30							
6:00							
6:30							
7:00							
7:30							
8:00							
8:30							
9:00							
9:30							
10:00							
10:30							
11:00							
11:30							
12:00							
Daily Totals							

Milestones:_____
_____

Date: _____ Age: _____

	Sleep	Breastfeed	Formula	Solids	Antigas	Diaper	Other Notes
12:00							
12:30							
1:00							
1:30							
2:00							
2:30							
3:00							
3:30							
4:00							
4:30							
5:00							
5:30							
6:00							
6:30							
7:00							
7:30							
8:00							
8:30							
9:00							
9:30							
10:00							
10:30							
11:00							
11:30							
12:00							
12:30							
1:00							
1:30							
2:00							
2:30							
3:00							
3:30							
4:00							
4:30							
5:00							
5:30							
6:00							
6:30							
7:00							
7:30							
8:00							
8:30							
9:00							
9:30							
10:00							
10:30							
11:00							
11:30							
12:00							
Daily Totals							

Milestones: _____

_____

Date:_____   Age:_____

	Sleep	Breastfeed	Formula	Solids	Antigas	Diaper		Other Notes
12:00								
12:30								
1:00								
1:30								
2:00								
2:30								
3:00								
3:30								
4:00								
4:30								
5:00								
5:30								
6:00								
6:30								
7:00								
7:30								
8:00								
8:30								
9:00								
9:30								
10:00								
10:30								
11:00								
11:30								
12:00								
12:30								
1:00								
1:30								
2:00								
2:30								
3:00								
3:30								
4:00								
4:30								
5:00								
5:30								
6:00								
6:30								
7:00								
7:30								
8:00								
8:30								
9:00								
9:30								
10:00								
10:30								
11:00								
11:30								
12:00								
Daily Totals								

Milestones:_____

_____

Date: _____ Age: _____

	Sleep	Breastfeed	Formula	Solids	Antigas	Diaper	Other Notes
12:00							
12:30							
1:00							
1:30							
2:00							
2:30							
3:00							
3:30							
4:00							
4:30							
5:00							
5:30							
6:00							
6:30							
7:00							
7:30							
8:00							
8:30							
9:00							
9:30							
10:00							
10:30							
11:00							
11:30							
12:00							
12:30							
1:00							
1:30							
2:00							
2:30							
3:00							
3:30							
4:00							
4:30							
5:00							
5:30							
6:00							
6:30							
7:00							
7:30							
8:00							
8:30							
9:00							
9:30							
10:00							
10:30							
11:00							
11:30							
12:00							
Daily Totals							

Milestones: _____

_____

Date: _____   Age: _____

	Sleep	Breastfeed	Formula	Solids	Antigas	Diaper		Other Notes
12:00								
12:30								
1:00								
1:30								
2:00								
2:30								
3:00								
3:30								
4:00								
4:30								
5:00								
5:30								
6:00								
6:30								
7:00								
7:30								
8:00								
8:30								
9:00								
9:30								
10:00								
10:30								
11:00								
11:30								
12:00								
12:30								
1:00								
1:30								
2:00								
2:30								
3:00								
3:30								
4:00								
4:30								
5:00								
5:30								
6:00								
6:30								
7:00								
7:30								
8:00								
8:30								
9:00								
9:30								
10:00								
10:30								
11:00								
11:30								
12:00								
Daily Totals								

Milestones: _____
_____

Date:_____   Age:_____

	Sleep	Breastfeed	Formula	Solids	Antigas	Diaper		Other Notes
12:00								
12:30								
1:00								
1:30								
2:00								
2:30								
3:00								
3:30								
4:00								
4:30								
5:00								
5:30								
6:00								
6:30								
7:00								
7:30								
8:00								
8:30								
9:00								
9:30								
10:00								
10:30								
11:00								
11:30								
12:00								
12:30								
1:00								
1:30								
2:00								
2:30								
3:00								
3:30								
4:00								
4:30								
5:00								
5:30								
6:00								
6:30								
7:00								
7:30								
8:00								
8:30								
9:00								
9:30								
10:00								
10:30								
11:00								
11:30								
12:00								
Daily Totals								

Milestones:_____

_____

Date: _____   Age: _____

	Sleep	Breastfeed	Formula	Solids	Antigas	Diaper	Other Notes
12:00							
12:30							
1:00							
1:30							
2:00							
2:30							
3:00							
3:30							
4:00							
4:30							
5:00							
5:30							
6:00							
6:30							
7:00							
7:30							
8:00							
8:30							
9:00							
9:30							
10:00							
10:30							
11:00							
11:30							
12:00							
12:30							
1:00							
1:30							
2:00							
2:30							
3:00							
3:30							
4:00							
4:30							
5:00							
5:30							
6:00							
6:30							
7:00							
7:30							
8:00							
8:30							
9:00							
9:30							
10:00							
10:30							
11:00							
11:30							
12:00							
Daily Totals							

Milestones: _____

_____

Date: _____   Age: _____

	Sleep	Breastfeed	Formula	Solids	Antigas	Diaper	Other Notes
12:00							
12:30							
1:00							
1:30							
2:00							
2:30							
3:00							
3:30							
4:00							
4:30							
5:00							
5:30							
6:00							
6:30							
7:00							
7:30							
8:00							
8:30							
9:00							
9:30							
10:00							
10:30							
11:00							
11:30							
12:00							
12:30							
1:00							
1:30							
2:00							
2:30							
3:00							
3:30							
4:00							
4:30							
5:00							
5:30							
6:00							
6:30							
7:00							
7:30							
8:00							
8:30							
9:00							
9:30							
10:00							
10:30							
11:00							
11:30							
12:00							
Daily Totals							

Milestones: _____

_____

Date: _____ Age: _____

	Sleep	Breastfeed	Formula	Solids	Antigas	Diaper		Other Notes
12:00								
12:30								
1:00								
1:30								
2:00								
2:30								
3:00								
3:30								
4:00								
4:30								
5:00								
5:30								
6:00								
6:30								
7:00								
7:30								
8:00								
8:30								
9:00								
9:30								
10:00								
10:30								
11:00								
11:30								
12:00								
12:30								
1:00								
1:30								
2:00								
2:30								
3:00								
3:30								
4:00								
4:30								
5:00								
5:30								
6:00								
6:30								
7:00								
7:30								
8:00								
8:30								
9:00								
9:30								
10:00								
10:30								
11:00								
11:30								
12:00								
Daily Totals								

Milestones: _____

_____

Date: _____ Age: _____

	Sleep	Breastfeed	Formula	Solids	Antigas	Diaper	Other Notes
12:00							
12:30							
1:00							
1:30							
2:00							
2:30							
3:00							
3:30							
4:00							
4:30							
5:00							
5:30							
6:00							
6:30							
7:00							
7:30							
8:00							
8:30							
9:00							
9:30							
10:00							
10:30							
11:00							
11:30							
12:00							
12:30							
1:00							
1:30							
2:00							
2:30							
3:00							
3:30							
4:00							
4:30							
5:00							
5:30							
6:00							
6:30							
7:00							
7:30							
8:00							
8:30							
9:00							
9:30							
10:00							
10:30							
11:00							
11:30							
12:00							
Daily Totals							

Milestones: _____

_____

Date: _____ Age: _____

	Sleep	Breastfeed	Formula	Solids	Antigas	Diaper	Other Notes
12:00							
12:30							
1:00							
1:30							
2:00							
2:30							
3:00							
3:30							
4:00							
4:30							
5:00							
5:30							
6:00							
6:30							
7:00							
7:30							
8:00							
8:30							
9:00							
9:30							
10:00							
10:30							
11:00							
11:30							
12:00							
12:30							
1:00							
1:30							
2:00							
2:30							
3:00							
3:30							
4:00							
4:30							
5:00							
5:30							
6:00							
6:30							
7:00							
7:30							
8:00							
8:30							
9:00							
9:30							
10:00							
10:30							
11:00							
11:30							
12:00							
Daily Totals							

Milestones: _____

_____

Date: _____ Age: _____

Time	Sleep	Breastfeed	Formula	Solids	Antigas	Diaper	Other Notes
12:00							
12:30							
1:00							
1:30							
2:00							
2:30							
3:00							
3:30							
4:00							
4:30							
5:00							
5:30							
6:00							
6:30							
7:00							
7:30							
8:00							
8:30							
9:00							
9:30							
10:00							
10:30							
11:00							
11:30							
12:00							
12:30							
1:00							
1:30							
2:00							
2:30							
3:00							
3:30							
4:00							
4:30							
5:00							
5:30							
6:00							
6:30							
7:00							
7:30							
8:00							
8:30							
9:00							
9:30							
10:00							
10:30							
11:00							
11:30							
12:00							
Daily Totals							

Milestones: _____
_____

Date:_____ Age:_____

	Sleep	Breastfeed	Formula	Solids	Antigas	Diaper	Other Notes
12:00							
12:30							
1:00							
1:30							
2:00							
2:30							
3:00							
3:30							
4:00							
4:30							
5:00							
5:30							
6:00							
6:30							
7:00							
7:30							
8:00							
8:30							
9:00							
9:30							
10:00							
10:30							
11:00							
11:30							
12:00							
12:30							
1:00							
1:30							
2:00							
2:30							
3:00							
3:30							
4:00							
4:30							
5:00							
5:30							
6:00							
6:30							
7:00							
7:30							
8:00							
8:30							
9:00							
9:30							
10:00							
10:30							
11:00							
11:30							
12:00							
Daily Totals							

Milestones:_____
_____

Date: _____ Age: _____

	Sleep	Breastfeed	Formula	Solids	Antigas	Diaper	Other Notes
12:00							
12:30							
1:00							
1:30							
2:00							
2:30							
3:00							
3:30							
4:00							
4:30							
5:00							
5:30							
6:00							
6:30							
7:00							
7:30							
8:00							
8:30							
9:00							
9:30							
10:00							
10:30							
11:00							
11:30							
12:00							
12:30							
1:00							
1:30							
2:00							
2:30							
3:00							
3:30							
4:00							
4:30							
5:00							
5:30							
6:00							
6:30							
7:00							
7:30							
8:00							
8:30							
9:00							
9:30							
10:00							
10:30							
11:00							
11:30							
12:00							
Daily Totals							

Milestones: _____

_____

Date: _____ Age: _____

	Sleep	Breastfeed	Formula	Solids	Antigas	Diaper	Other Notes
12:00							
12:30							
1:00							
1:30							
2:00							
2:30							
3:00							
3:30							
4:00							
4:30							
5:00							
5:30							
6:00							
6:30							
7:00							
7:30							
8:00							
8:30							
9:00							
9:30							
10:00							
10:30							
11:00							
11:30							
12:00							
12:30							
1:00							
1:30							
2:00							
2:30							
3:00							
3:30							
4:00							
4:30							
5:00							
5:30							
6:00							
6:30							
7:00							
7:30							
8:00							
8:30							
9:00							
9:30							
10:00							
10:30							
11:00							
11:30							
12:00							
Daily Totals							

Milestones: _____

_____

Date: _____ Age: _____

	Sleep	Breastfeed	Formula	Solids	Antigas	Diaper	Other Notes
12:00							
12:30							
1:00							
1:30							
2:00							
2:30							
3:00							
3:30							
4:00							
4:30							
5:00							
5:30							
6:00							
6:30							
7:00							
7:30							
8:00							
8:30							
9:00							
9:30							
10:00							
10:30							
11:00							
11:30							
12:00							
12:30							
1:00							
1:30							
2:00							
2:30							
3:00							
3:30							
4:00							
4:30							
5:00							
5:30							
6:00							
6:30							
7:00							
7:30							
8:00							
8:30							
9:00							
9:30							
10:00							
10:30							
11:00							
11:30							
12:00							
Daily Totals							

Milestones: _____

_____

Date: _____ Age: _____

	Sleep	Breastfeed	Formula	Solids	Antigas	Diaper	Other Notes
12:00							
12:30							
1:00							
1:30							
2:00							
2:30							
3:00							
3:30							
4:00							
4:30							
5:00							
5:30							
6:00							
6:30							
7:00							
7:30							
8:00							
8:30							
9:00							
9:30							
10:00							
10:30							
11:00							
11:30							
12:00							
12:30							
1:00							
1:30							
2:00							
2:30							
3:00							
3:30							
4:00							
4:30							
5:00							
5:30							
6:00							
6:30							
7:00							
7:30							
8:00							
8:30							
9:00							
9:30							
10:00							
10:30							
11:00							
11:30							
12:00							
Daily Totals							

Milestones: _____
_____

Date: _____ Age: _____

	Sleep	Breastfeed	Formula	Solids	Antigas	Diaper	Other Notes
12:00							
12:30							
1:00							
1:30							
2:00							
2:30							
3:00							
3:30							
4:00							
4:30							
5:00							
5:30							
6:00							
6:30							
7:00							
7:30							
8:00							
8:30							
9:00							
9:30							
10:00							
10:30							
11:00							
11:30							
12:00							
12:30							
1:00							
1:30							
2:00							
2:30							
3:00							
3:30							
4:00							
4:30							
5:00							
5:30							
6:00							
6:30							
7:00							
7:30							
8:00							
8:30							
9:00							
9:30							
10:00							
10:30							
11:00							
11:30							
12:00							
Daily Totals							

Milestones: _____

_____

Date: _____   Age: _____

	Sleep	Breastfeed	Formula	Solids	Antigas	Diaper		Other Notes
12:00								
12:30								
1:00								
1:30								
2:00								
2:30								
3:00								
3:30								
4:00								
4:30								
5:00								
5:30								
6:00								
6:30								
7:00								
7:30								
8:00								
8:30								
9:00								
9:30								
10:00								
10:30								
11:00								
11:30								
12:00								
12:30								
1:00								
1:30								
2:00								
2:30								
3:00								
3:30								
4:00								
4:30								
5:00								
5:30								
6:00								
6:30								
7:00								
7:30								
8:00								
8:30								
9:00								
9:30								
10:00								
10:30								
11:00								
11:30								
12:00								
Daily Totals								

Milestones: _____

_____

Date: _____ Age: _____

	Sleep	Breastfeed	Formula	Solids	Antigas	Diaper	Other Notes
12:00							
12:30							
1:00							
1:30							
2:00							
2:30							
3:00							
3:30							
4:00							
4:30							
5:00							
5:30							
6:00							
6:30							
7:00							
7:30							
8:00							
8:30							
9:00							
9:30							
10:00							
10:30							
11:00							
11:30							
12:00							
12:30							
1:00							
1:30							
2:00							
2:30							
3:00							
3:30							
4:00							
4:30							
5:00							
5:30							
6:00							
6:30							
7:00							
7:30							
8:00							
8:30							
9:00							
9:30							
10:00							
10:30							
11:00							
11:30							
12:00							
Daily Totals							

Milestones: _____

_____

Date:_____ Age:_____

	Sleep	Breastfeed	Formula	Solids	Antigas	Diaper	Other Notes
12:00							
12:30							
1:00							
1:30							
2:00							
2:30							
3:00							
3:30							
4:00							
4:30							
5:00							
5:30							
6:00							
6:30							
7:00							
7:30							
8:00							
8:30							
9:00							
9:30							
10:00							
10:30							
11:00							
11:30							
12:00							
12:30							
1:00							
1:30							
2:00							
2:30							
3:00							
3:30							
4:00							
4:30							
5:00							
5:30							
6:00							
6:30							
7:00							
7:30							
8:00							
8:30							
9:00							
9:30							
10:00							
10:30							
11:00							
11:30							
12:00							
Daily Totals							

Milestones:_____

_____

Date: _____   Age: _____

	Sleep	Breastfeed	Formula	Solids	Antigas	Diaper	Other Notes
12:00							
12:30							
1:00							
1:30							
2:00							
2:30							
3:00							
3:30							
4:00							
4:30							
5:00							
5:30							
6:00							
6:30							
7:00							
7:30							
8:00							
8:30							
9:00							
9:30							
10:00							
10:30							
11:00							
11:30							
12:00							
12:30							
1:00							
1:30							
2:00							
2:30							
3:00							
3:30							
4:00							
4:30							
5:00							
5:30							
6:00							
6:30							
7:00							
7:30							
8:00							
8:30							
9:00							
9:30							
10:00							
10:30							
11:00							
11:30							
12:00							
Daily Totals							

Milestones: _____

_____

Date:_____ Age:_____

	Sleep	Breastfeed	Formula	Solids	Antigas	Diaper	Other Notes
12:00							
12:30							
1:00							
1:30							
2:00							
2:30							
3:00							
3:30							
4:00							
4:30							
5:00							
5:30							
6:00							
6:30							
7:00							
7:30							
8:00							
8:30							
9:00							
9:30							
10:00							
10:30							
11:00							
11:30							
12:00							
12:30							
1:00							
1:30							
2:00							
2:30							
3:00							
3:30							
4:00							
4:30							
5:00							
5:30							
6:00							
6:30							
7:00							
7:30							
8:00							
8:30							
9:00							
9:30							
10:00							
10:30							
11:00							
11:30							
12:00							
Daily Totals							

Milestones:_____
_____

Date: _____   Age: _____

	Sleep	Breastfeed	Formula	Solids	Antigas	Diaper		Other Notes
12:00								
12:30								
1:00								
1:30								
2:00								
2:30								
3:00								
3:30								
4:00								
4:30								
5:00								
5:30								
6:00								
6:30								
7:00								
7:30								
8:00								
8:30								
9:00								
9:30								
10:00								
10:30								
11:00								
11:30								
12:00								
12:30								
1:00								
1:30								
2:00								
2:30								
3:00								
3:30								
4:00								
4:30								
5:00								
5:30								
6:00								
6:30								
7:00								
7:30								
8:00								
8:30								
9:00								
9:30								
10:00								
10:30								
11:00								
11:30								
12:00								
Daily Totals								

Milestones: _____

_____

Date: _____   Age: _____

	Sleep	Breastfeed	Formula	Solids	Antigas	Diaper	Other Notes
12:00							
12:30							
1:00							
1:30							
2:00							
2:30							
3:00							
3:30							
4:00							
4:30							
5:00							
5:30							
6:00							
6:30							
7:00							
7:30							
8:00							
8:30							
9:00							
9:30							
10:00							
10:30							
11:00							
11:30							
12:00							
12:30							
1:00							
1:30							
2:00							
2:30							
3:00							
3:30							
4:00							
4:30							
5:00							
5:30							
6:00							
6:30							
7:00							
7:30							
8:00							
8:30							
9:00							
9:30							
10:00							
10:30							
11:00							
11:30							
12:00							
Daily Totals							

Milestones: _____

_____

Date: _____ Age: _____

	Sleep	Breastfeed	Formula	Solids	Antigas	Diaper		Other Notes
12:00								
12:30								
1:00								
1:30								
2:00								
2:30								
3:00								
3:30								
4:00								
4:30								
5:00								
5:30								
6:00								
6:30								
7:00								
7:30								
8:00								
8:30								
9:00								
9:30								
10:00								
10:30								
11:00								
11:30								
12:00								
12:30								
1:00								
1:30								
2:00								
2:30								
3:00								
3:30								
4:00								
4:30								
5:00								
5:30								
6:00								
6:30								
7:00								
7:30								
8:00								
8:30								
9:00								
9:30								
10:00								
10:30								
11:00								
11:30								
12:00								
Daily Totals								

Milestones: _____

_____

Date: _____ Age: _____

	Sleep	Breastfeed	Formula	Solids	Antigas	Diaper	Other Notes
12:00							
12:30							
1:00							
1:30							
2:00							
2:30							
3:00							
3:30							
4:00							
4:30							
5:00							
5:30							
6:00							
6:30							
7:00							
7:30							
8:00							
8:30							
9:00							
9:30							
10:00							
10:30							
11:00							
11:30							
12:00							
12:30							
1:00							
1:30							
2:00							
2:30							
3:00							
3:30							
4:00							
4:30							
5:00							
5:30							
6:00							
6:30							
7:00							
7:30							
8:00							
8:30							
9:00							
9:30							
10:00							
10:30							
11:00							
11:30							
12:00							
Daily Totals							

Milestones: _____
_____

Date: _____ Age: _____

	Sleep	Breastfeed	Formula	Solids	Antigas	Diaper	Other Notes
12:00							
12:30							
1:00							
1:30							
2:00							
2:30							
3:00							
3:30							
4:00							
4:30							
5:00							
5:30							
6:00							
6:30							
7:00							
7:30							
8:00							
8:30							
9:00							
9:30							
10:00							
10:30							
11:00							
11:30							
12:00							
12:30							
1:00							
1:30							
2:00							
2:30							
3:00							
3:30							
4:00							
4:30							
5:00							
5:30							
6:00							
6:30							
7:00							
7:30							
8:00							
8:30							
9:00							
9:30							
10:00							
10:30							
11:00							
11:30							
12:00							
Daily Totals							

Milestones: _____

_____

Date: _____   Age: _____

	Sleep	Breastfeed	Formula	Solids	Antigas	Diaper	Other Notes
12:00							
12:30							
1:00							
1:30							
2:00							
2:30							
3:00							
3:30							
4:00							
4:30							
5:00							
5:30							
6:00							
6:30							
7:00							
7:30							
8:00							
8:30							
9:00							
9:30							
10:00							
10:30							
11:00							
11:30							
12:00							
12:30							
1:00							
1:30							
2:00							
2:30							
3:00							
3:30							
4:00							
4:30							
5:00							
5:30							
6:00							
6:30							
7:00							
7:30							
8:00							
8:30							
9:00							
9:30							
10:00							
10:30							
11:00							
11:30							
12:00							
Daily Totals							

Milestones: _____
_____

Date: _____ Age: _____

	Sleep	Breastfeed	Formula	Solids	Antigas	Diaper		Other Notes
12:00								
12:30								
1:00								
1:30								
2:00								
2:30								
3:00								
3:30								
4:00								
4:30								
5:00								
5:30								
6:00								
6:30								
7:00								
7:30								
8:00								
8:30								
9:00								
9:30								
10:00								
10:30								
11:00								
11:30								
12:00								
12:30								
1:00								
1:30								
2:00								
2:30								
3:00								
3:30								
4:00								
4:30								
5:00								
5:30								
6:00								
6:30								
7:00								
7:30								
8:00								
8:30								
9:00								
9:30								
10:00								
10:30								
11:00								
11:30								
12:00								
Daily Totals								

Milestones: _____

_____

Date: _____ Age: _____

Time	Sleep	Breastfeed	Formula	Solids	Antigas	Diaper	Other Notes
12:00							
12:30							
1:00							
1:30							
2:00							
2:30							
3:00							
3:30							
4:00							
4:30							
5:00							
5:30							
6:00							
6:30							
7:00							
7:30							
8:00							
8:30							
9:00							
9:30							
10:00							
10:30							
11:00							
11:30							
12:00							
12:30							
1:00							
1:30							
2:00							
2:30							
3:00							
3:30							
4:00							
4:30							
5:00							
5:30							
6:00							
6:30							
7:00							
7:30							
8:00							
8:30							
9:00							
9:30							
10:00							
10:30							
11:00							
11:30							
12:00							
Daily Totals							

Milestones: _____

_____

Date: _____   Age: _____

	Sleep	Breastfeed	Formula	Solids	Antigas	Diaper	Other Notes
12:00							
12:30							
1:00							
1:30							
2:00							
2:30							
3:00							
3:30							
4:00							
4:30							
5:00							
5:30							
6:00							
6:30							
7:00							
7:30							
8:00							
8:30							
9:00							
9:30							
10:00							
10:30							
11:00							
11:30							
12:00							
12:30							
1:00							
1:30							
2:00							
2:30							
3:00							
3:30							
4:00							
4:30							
5:00							
5:30							
6:00							
6:30							
7:00							
7:30							
8:00							
8:30							
9:00							
9:30							
10:00							
10:30							
11:00							
11:30							
12:00							
Daily Totals							

Milestones: _____

_____

Date: _____ Age: _____

	Sleep	Breastfeed	Formula	Solids	Antigas	Diaper	Other Notes
12:00							
12:30							
1:00							
1:30							
2:00							
2:30							
3:00							
3:30							
4:00							
4:30							
5:00							
5:30							
6:00							
6:30							
7:00							
7:30							
8:00							
8:30							
9:00							
9:30							
10:00							
10:30							
11:00							
11:30							
12:00							
12:30							
1:00							
1:30							
2:00							
2:30							
3:00							
3:30							
4:00							
4:30							
5:00							
5:30							
6:00							
6:30							
7:00							
7:30							
8:00							
8:30							
9:00							
9:30							
10:00							
10:30							
11:00							
11:30							
12:00							
Daily Totals							

Milestones: _____

_____

Date: _____ Age: _____

	Sleep	Breastfeed	Formula	Solids	Antigas	Diaper	Other Notes
12:00							
12:30							
1:00							
1:30							
2:00							
2:30							
3:00							
3:30							
4:00							
4:30							
5:00							
5:30							
6:00							
6:30							
7:00							
7:30							
8:00							
8:30							
9:00							
9:30							
10:00							
10:30							
11:00							
11:30							
12:00							
12:30							
1:00							
1:30							
2:00							
2:30							
3:00							
3:30							
4:00							
4:30							
5:00							
5:30							
6:00							
6:30							
7:00							
7:30							
8:00							
8:30							
9:00							
9:30							
10:00							
10:30							
11:00							
11:30							
12:00							
Daily Totals							

Milestones: _____

_____

Date: _____ Age: _____

	Sleep	Breastfeed	Formula	Solids	Antigas	Diaper		Other Notes
12:00								
12:30								
1:00								
1:30								
2:00								
2:30								
3:00								
3:30								
4:00								
4:30								
5:00								
5:30								
6:00								
6:30								
7:00								
7:30								
8:00								
8:30								
9:00								
9:30								
10:00								
10:30								
11:00								
11:30								
12:00								
12:30								
1:00								
1:30								
2:00								
2:30								
3:00								
3:30								
4:00								
4:30								
5:00								
5:30								
6:00								
6:30								
7:00								
7:30								
8:00								
8:30								
9:00								
9:30								
10:00								
10:30								
11:00								
11:30								
12:00								
Daily Totals								

Milestones: _____

_____

Date:_____ Age:_____

	Sleep	Breastfeed	Formula	Solids	Antigas	Diaper		Other Notes
12:00								
12:30								
1:00								
1:30								
2:00								
2:30								
3:00								
3:30								
4:00								
4:30								
5:00								
5:30								
6:00								
6:30								
7:00								
7:30								
8:00								
8:30								
9:00								
9:30								
10:00								
10:30								
11:00								
11:30								
12:00								
12:30								
1:00								
1:30								
2:00								
2:30								
3:00								
3:30								
4:00								
4:30								
5:00								
5:30								
6:00								
6:30								
7:00								
7:30								
8:00								
8:30								
9:00								
9:30								
10:00								
10:30								
11:00								
11:30								
12:00								
Daily Totals								

Milestones:_____

_____

Date: _____   Age: _____

	Sleep	Breastfeed	Formula	Solids	Antigas	Diaper	Other Notes
12:00							
12:30							
1:00							
1:30							
2:00							
2:30							
3:00							
3:30							
4:00							
4:30							
5:00							
5:30							
6:00							
6:30							
7:00							
7:30							
8:00							
8:30							
9:00							
9:30							
10:00							
10:30							
11:00							
11:30							
12:00							
12:30							
1:00							
1:30							
2:00							
2:30							
3:00							
3:30							
4:00							
4:30							
5:00							
5:30							
6:00							
6:30							
7:00							
7:30							
8:00							
8:30							
9:00							
9:30							
10:00							
10:30							
11:00							
11:30							
12:00							
Daily Totals							

Milestones: _____
_____

Date: _____ Age: _____

	Sleep	Breastfeed	Formula	Solids	Antigas	Diaper	Other Notes
12:00							
12:30							
1:00							
1:30							
2:00							
2:30							
3:00							
3:30							
4:00							
4:30							
5:00							
5:30							
6:00							
6:30							
7:00							
7:30							
8:00							
8:30							
9:00							
9:30							
10:00							
10:30							
11:00							
11:30							
12:00							
12:30							
1:00							
1:30							
2:00							
2:30							
3:00							
3:30							
4:00							
4:30							
5:00							
5:30							
6:00							
6:30							
7:00							
7:30							
8:00							
8:30							
9:00							
9:30							
10:00							
10:30							
11:00							
11:30							
12:00							
Daily Totals							

Milestones: _____

_____

Date: _____ Age: _____

	Sleep	Breastfeed	Formula	Solids	Antigas	Diaper	Other Notes
12:00							
12:30							
1:00							
1:30							
2:00							
2:30							
3:00							
3:30							
4:00							
4:30							
5:00							
5:30							
6:00							
6:30							
7:00							
7:30							
8:00							
8:30							
9:00							
9:30							
10:00							
10:30							
11:00							
11:30							
12:00							
12:30							
1:00							
1:30							
2:00							
2:30							
3:00							
3:30							
4:00							
4:30							
5:00							
5:30							
6:00							
6:30							
7:00							
7:30							
8:00							
8:30							
9:00							
9:30							
10:00							
10:30							
11:00							
11:30							
12:00							
Daily Totals							

Milestones: _____

_____

Date: _____   Age: _____

	Sleep	Breastfeed	Formula	Solids	Antigas	Diaper		Other Notes
12:00								
12:30								
1:00								
1:30								
2:00								
2:30								
3:00								
3:30								
4:00								
4:30								
5:00								
5:30								
6:00								
6:30								
7:00								
7:30								
8:00								
8:30								
9:00								
9:30								
10:00								
10:30								
11:00								
11:30								
12:00								
12:30								
1:00								
1:30								
2:00								
2:30								
3:00								
3:30								
4:00								
4:30								
5:00								
5:30								
6:00								
6:30								
7:00								
7:30								
8:00								
8:30								
9:00								
9:30								
10:00								
10:30								
11:00								
11:30								
12:00								
Daily Totals								

Milestones: _____

_____

Date: _____   Age: _____

	Sleep	Breastfeed	Formula	Solids	Antigas	Diaper	Other Notes
12:00							
12:30							
1:00							
1:30							
2:00							
2:30							
3:00							
3:30							
4:00							
4:30							
5:00							
5:30							
6:00							
6:30							
7:00							
7:30							
8:00							
8:30							
9:00							
9:30							
10:00							
10:30							
11:00							
11:30							
12:00							
12:30							
1:00							
1:30							
2:00							
2:30							
3:00							
3:30							
4:00							
4:30							
5:00							
5:30							
6:00							
6:30							
7:00							
7:30							
8:00							
8:30							
9:00							
9:30							
10:00							
10:30							
11:00							
11:30							
12:00							
Daily Totals							

Milestones: _____

_____

Date: _____ Age:_____

	Sleep	Breastfeed	Formula	Solids	Antigas	Diaper	Other Notes
12:00							
12:30							
1:00							
1:30							
2:00							
2:30							
3:00							
3:30							
4:00							
4:30							
5:00							
5:30							
6:00							
6:30							
7:00							
7:30							
8:00							
8:30							
9:00							
9:30							
10:00							
10:30							
11:00							
11:30							
12:00							
12:30							
1:00							
1:30							
2:00							
2:30							
3:00							
3:30							
4:00							
4:30							
5:00							
5:30							
6:00							
6:30							
7:00							
7:30							
8:00							
8:30							
9:00							
9:30							
10:00							
10:30							
11:00							
11:30							
12:00							
Daily Totals							

Milestones:_____
_____

Date: _____ Age: _____

	Sleep	Breastfeed	Formula	Solids	Antigas	Diaper		Other Notes
12:00								
12:30								
1:00								
1:30								
2:00								
2:30								
3:00								
3:30								
4:00								
4:30								
5:00								
5:30								
6:00								
6:30								
7:00								
7:30								
8:00								
8:30								
9:00								
9:30								
10:00								
10:30								
11:00								
11:30								
12:00								
12:30								
1:00								
1:30								
2:00								
2:30								
3:00								
3:30								
4:00								
4:30								
5:00								
5:30								
6:00								
6:30								
7:00								
7:30								
8:00								
8:30								
9:00								
9:30								
10:00								
10:30								
11:00								
11:30								
12:00								
Daily Totals								

Milestones: _____

_____

Date: _____ Age: _____

	Sleep	Breastfeed	Formula	Solids	Antigas	Diaper	Other Notes
12:00							
12:30							
1:00							
1:30							
2:00							
2:30							
3:00							
3:30							
4:00							
4:30							
5:00							
5:30							
6:00							
6:30							
7:00							
7:30							
8:00							
8:30							
9:00							
9:30							
10:00							
10:30							
11:00							
11:30							
12:00							
12:30							
1:00							
1:30							
2:00							
2:30							
3:00							
3:30							
4:00							
4:30							
5:00							
5:30							
6:00							
6:30							
7:00							
7:30							
8:00							
8:30							
9:00							
9:30							
10:00							
10:30							
11:00							
11:30							
12:00							
Daily Totals							

Milestones: _____
_____

Date: _____   Age: _____

	Sleep	Breastfeed	Formula	Solids	Antigas	Diaper	Other Notes
12:00							
12:30							
1:00							
1:30							
2:00							
2:30							
3:00							
3:30							
4:00							
4:30							
5:00							
5:30							
6:00							
6:30							
7:00							
7:30							
8:00							
8:30							
9:00							
9:30							
10:00							
10:30							
11:00							
11:30							
12:00							
12:30							
1:00							
1:30							
2:00							
2:30							
3:00							
3:30							
4:00							
4:30							
5:00							
5:30							
6:00							
6:30							
7:00							
7:30							
8:00							
8:30							
9:00							
9:30							
10:00							
10:30							
11:00							
11:30							
12:00							
Daily Totals							

Milestones: _____

_____

Date: _____ Age: _____

	Sleep	Breastfeed	Formula	Solids	Antigas	Diaper	Other Notes
12:00							
12:30							
1:00							
1:30							
2:00							
2:30							
3:00							
3:30							
4:00							
4:30							
5:00							
5:30							
6:00							
6:30							
7:00							
7:30							
8:00							
8:30							
9:00							
9:30							
10:00							
10:30							
11:00							
11:30							
12:00							
12:30							
1:00							
1:30							
2:00							
2:30							
3:00							
3:30							
4:00							
4:30							
5:00							
5:30							
6:00							
6:30							
7:00							
7:30							
8:00							
8:30							
9:00							
9:30							
10:00							
10:30							
11:00							
11:30							
12:00							
Daily Totals							

Milestones: _____

_____

Date: _____   Age: _____

	Sleep	Breastfeed	Formula	Solids	Antigas	Diaper		Other Notes
12:00								
12:30								
1:00								
1:30								
2:00								
2:30								
3:00								
3:30								
4:00								
4:30								
5:00								
5:30								
6:00								
6:30								
7:00								
7:30								
8:00								
8:30								
9:00								
9:30								
10:00								
10:30								
11:00								
11:30								
12:00								
12:30								
1:00								
1:30								
2:00								
2:30								
3:00								
3:30								
4:00								
4:30								
5:00								
5:30								
6:00								
6:30								
7:00								
7:30								
8:00								
8:30								
9:00								
9:30								
10:00								
10:30								
11:00								
11:30								
12:00								
Daily Totals								

Milestones: _____

_____

Date: _____   Age: _____

	Sleep	Breastfeed	Formula	Solids	Antigas	Diaper	Other Notes
12:00							
12:30							
1:00							
1:30							
2:00							
2:30							
3:00							
3:30							
4:00							
4:30							
5:00							
5:30							
6:00							
6:30							
7:00							
7:30							
8:00							
8:30							
9:00							
9:30							
10:00							
10:30							
11:00							
11:30							
12:00							
12:30							
1:00							
1:30							
2:00							
2:30							
3:00							
3:30							
4:00							
4:30							
5:00							
5:30							
6:00							
6:30							
7:00							
7:30							
8:00							
8:30							
9:00							
9:30							
10:00							
10:30							
11:00							
11:30							
12:00							
Daily Totals							

Milestones: _____
_____

Date:_____   Age:_____

	Sleep	Breastfeed	Formula	Solids	Antigas	Diaper	Other Notes
12:00							
12:30							
1:00							
1:30							
2:00							
2:30							
3:00							
3:30							
4:00							
4:30							
5:00							
5:30							
6:00							
6:30							
7:00							
7:30							
8:00							
8:30							
9:00							
9:30							
10:00							
10:30							
11:00							
11:30							
12:00							
12:30							
1:00							
1:30							
2:00							
2:30							
3:00							
3:30							
4:00							
4:30							
5:00							
5:30							
6:00							
6:30							
7:00							
7:30							
8:00							
8:30							
9:00							
9:30							
10:00							
10:30							
11:00							
11:30							
12:00							
Daily Totals							

Milestones:_____

_____

Date: _____   Age: _____

	Sleep	Breastfeed	Formula	Solids	Antigas	Diaper	Other Notes
12:00							
12:30							
1:00							
1:30							
2:00							
2:30							
3:00							
3:30							
4:00							
4:30							
5:00							
5:30							
6:00							
6:30							
7:00							
7:30							
8:00							
8:30							
9:00							
9:30							
10:00							
10:30							
11:00							
11:30							
12:00							
12:30							
1:00							
1:30							
2:00							
2:30							
3:00							
3:30							
4:00							
4:30							
5:00							
5:30							
6:00							
6:30							
7:00							
7:30							
8:00							
8:30							
9:00							
9:30							
10:00							
10:30							
11:00							
11:30							
12:00							
Daily Totals							

Milestones: _____

_____

Date: _____   Age: _____

	Sleep	Breastfeed	Formula	Solids	Antigas	Diaper	Other Notes
12:00							
12:30							
1:00							
1:30							
2:00							
2:30							
3:00							
3:30							
4:00							
4:30							
5:00							
5:30							
6:00							
6:30							
7:00							
7:30							
8:00							
8:30							
9:00							
9:30							
10:00							
10:30							
11:00							
11:30							
12:00							
12:30							
1:00							
1:30							
2:00							
2:30							
3:00							
3:30							
4:00							
4:30							
5:00							
5:30							
6:00							
6:30							
7:00							
7:30							
8:00							
8:30							
9:00							
9:30							
10:00							
10:30							
11:00							
11:30							
12:00							
Daily Totals							

Milestones: _____

_____

Date: _____   Age: _____

	Sleep	Breastfeed	Formula	Solids	Antigas	Diaper		Other Notes
12:00								
12:30								
1:00								
1:30								
2:00								
2:30								
3:00								
3:30								
4:00								
4:30								
5:00								
5:30								
6:00								
6:30								
7:00								
7:30								
8:00								
8:30								
9:00								
9:30								
10:00								
10:30								
11:00								
11:30								
12:00								
12:30								
1:00								
1:30								
2:00								
2:30								
3:00								
3:30								
4:00								
4:30								
5:00								
5:30								
6:00								
6:30								
7:00								
7:30								
8:00								
8:30								
9:00								
9:30								
10:00								
10:30								
11:00								
11:30								
12:00								
Daily Totals								

Milestones: _____

_____

Date: _____ Age: _____

	Sleep	Breastfeed	Formula	Solids	Antigas	Diaper	Other Notes
12:00							
12:30							
1:00							
1:30							
2:00							
2:30							
3:00							
3:30							
4:00							
4:30							
5:00							
5:30							
6:00							
6:30							
7:00							
7:30							
8:00							
8:30							
9:00							
9:30							
10:00							
10:30							
11:00							
11:30							
12:00							
12:30							
1:00							
1:30							
2:00							
2:30							
3:00							
3:30							
4:00							
4:30							
5:00							
5:30							
6:00							
6:30							
7:00							
7:30							
8:00							
8:30							
9:00							
9:30							
10:00							
10:30							
11:00							
11:30							
12:00							
Daily Totals							

Milestones: _____

_____

Date: _____ Age: _____

	Sleep	Breastfeed	Formula	Solids	Antigas	Diaper		Other Notes
12:00								
12:30								
1:00								
1:30								
2:00								
2:30								
3:00								
3:30								
4:00								
4:30								
5:00								
5:30								
6:00								
6:30								
7:00								
7:30								
8:00								
8:30								
9:00								
9:30								
10:00								
10:30								
11:00								
11:30								
12:00								
12:30								
1:00								
1:30								
2:00								
2:30								
3:00								
3:30								
4:00								
4:30								
5:00								
5:30								
6:00								
6:30								
7:00								
7:30								
8:00								
8:30								
9:00								
9:30								
10:00								
10:30								
11:00								
11:30								
12:00								
Daily Totals								

Milestones: _____

Date: _____ Age: _____

	Sleep	Breastfeed	Formula	Solids	Antigas	Diaper		Other Notes
12:00								
12:30								
1:00								
1:30								
2:00								
2:30								
3:00								
3:30								
4:00								
4:30								
5:00								
5:30								
6:00								
6:30								
7:00								
7:30								
8:00								
8:30								
9:00								
9:30								
10:00								
10:30								
11:00								
11:30								
12:00								
12:30								
1:00								
1:30								
2:00								
2:30								
3:00								
3:30								
4:00								
4:30								
5:00								
5:30								
6:00								
6:30								
7:00								
7:30								
8:00								
8:30								
9:00								
9:30								
10:00								
10:30								
11:00								
11:30								
12:00								
Daily Totals								

Milestones: _____
_____

Date: _____   Age: _____

	Sleep	Breastfeed	Formula	Solids	Antigas	Diaper	Other Notes
12:00							
12:30							
1:00							
1:30							
2:00							
2:30							
3:00							
3:30							
4:00							
4:30							
5:00							
5:30							
6:00							
6:30							
7:00							
7:30							
8:00							
8:30							
9:00							
9:30							
10:00							
10:30							
11:00							
11:30							
12:00							
12:30							
1:00							
1:30							
2:00							
2:30							
3:00							
3:30							
4:00							
4:30							
5:00							
5:30							
6:00							
6:30							
7:00							
7:30							
8:00							
8:30							
9:00							
9:30							
10:00							
10:30							
11:00							
11:30							
12:00							
Daily Totals							

Milestones: _____

_____

Date: _____   Age: _____

	Sleep	Breastfeed	Formula	Solids	Antigas	Diaper	Other Notes
12:00							
12:30							
1:00							
1:30							
2:00							
2:30							
3:00							
3:30							
4:00							
4:30							
5:00							
5:30							
6:00							
6:30							
7:00							
7:30							
8:00							
8:30							
9:00							
9:30							
10:00							
10:30							
11:00							
11:30							
12:00							
12:30							
1:00							
1:30							
2:00							
2:30							
3:00							
3:30							
4:00							
4:30							
5:00							
5:30							
6:00							
6:30							
7:00							
7:30							
8:00							
8:30							
9:00							
9:30							
10:00							
10:30							
11:00							
11:30							
12:00							
Daily Totals							

Milestones: _____

_____

Date: _____ Age: _____

	Sleep	Breastfeed	Formula	Solids	Antigas	Diaper		Other Notes
12:00								
12:30								
1:00								
1:30								
2:00								
2:30								
3:00								
3:30								
4:00								
4:30								
5:00								
5:30								
6:00								
6:30								
7:00								
7:30								
8:00								
8:30								
9:00								
9:30								
10:00								
10:30								
11:00								
11:30								
12:00								
12:30								
1:00								
1:30								
2:00								
2:30								
3:00								
3:30								
4:00								
4:30								
5:00								
5:30								
6:00								
6:30								
7:00								
7:30								
8:00								
8:30								
9:00								
9:30								
10:00								
10:30								
11:00								
11:30								
12:00								
Daily Totals								

Milestones: _____

_____

Date: _____ Age: _____

	Sleep	Breastfeed	Formula	Solids	Antigas	Diaper	Other Notes
12:00							
12:30							
1:00							
1:30							
2:00							
2:30							
3:00							
3:30							
4:00							
4:30							
5:00							
5:30							
6:00							
6:30							
7:00							
7:30							
8:00							
8:30							
9:00							
9:30							
10:00							
10:30							
11:00							
11:30							
12:00							
12:30							
1:00							
1:30							
2:00							
2:30							
3:00							
3:30							
4:00							
4:30							
5:00							
5:30							
6:00							
6:30							
7:00							
7:30							
8:00							
8:30							
9:00							
9:30							
10:00							
10:30							
11:00							
11:30							
12:00							
Daily Totals							

Milestones: _____

_____

Date:_____   Age:_____

	Sleep	Breastfeed	Formula	Solids	Antigas	Diaper	Other Notes
12:00							
12:30							
1:00							
1:30							
2:00							
2:30							
3:00							
3:30							
4:00							
4:30							
5:00							
5:30							
6:00							
6:30							
7:00							
7:30							
8:00							
8:30							
9:00							
9:30							
10:00							
10:30							
11:00							
11:30							
12:00							
12:30							
1:00							
1:30							
2:00							
2:30							
3:00							
3:30							
4:00							
4:30							
5:00							
5:30							
6:00							
6:30							
7:00							
7:30							
8:00							
8:30							
9:00							
9:30							
10:00							
10:30							
11:00							
11:30							
12:00							
Daily Totals							

Milestones:_____
_____

Date:_____ Age:_____

	Sleep	Breastfeed	Formula	Solids	Antigas	Diaper	Other Notes
12:00							
12:30							
1:00							
1:30							
2:00							
2:30							
3:00							
3:30							
4:00							
4:30							
5:00							
5:30							
6:00							
6:30							
7:00							
7:30							
8:00							
8:30							
9:00							
9:30							
10:00							
10:30							
11:00							
11:30							
12:00							
12:30							
1:00							
1:30							
2:00							
2:30							
3:00							
3:30							
4:00							
4:30							
5:00							
5:30							
6:00							
6:30							
7:00							
7:30							
8:00							
8:30							
9:00							
9:30							
10:00							
10:30							
11:00							
11:30							
12:00							
Daily Totals							

Milestones:_____
_____

Date: _____   Age: _____

	Sleep	Breastfeed	Formula	Solids	Antigas	Diaper	Other Notes
12:00							
12:30							
1:00							
1:30							
2:00							
2:30							
3:00							
3:30							
4:00							
4:30							
5:00							
5:30							
6:00							
6:30							
7:00							
7:30							
8:00							
8:30							
9:00							
9:30							
10:00							
10:30							
11:00							
11:30							
12:00							
12:30							
1:00							
1:30							
2:00							
2:30							
3:00							
3:30							
4:00							
4:30							
5:00							
5:30							
6:00							
6:30							
7:00							
7:30							
8:00							
8:30							
9:00							
9:30							
10:00							
10:30							
11:00							
11:30							
12:00							
Daily Totals							

Milestones: _____
_____

Date: _____ Age: _____

	Sleep	Breastfeed	Formula	Solids	Antigas	Diaper	Other Notes
12:00							
12:30							
1:00							
1:30							
2:00							
2:30							
3:00							
3:30							
4:00							
4:30							
5:00							
5:30							
6:00							
6:30							
7:00							
7:30							
8:00							
8:30							
9:00							
9:30							
10:00							
10:30							
11:00							
11:30							
12:00							
12:30							
1:00							
1:30							
2:00							
2:30							
3:00							
3:30							
4:00							
4:30							
5:00							
5:30							
6:00							
6:30							
7:00							
7:30							
8:00							
8:30							
9:00							
9:30							
10:00							
10:30							
11:00							
11:30							
12:00							
Daily Totals							

Milestones: _____

_____

Date: _____ Age: _____

	Sleep	Breastfeed	Formula	Solids	Antigas	Diaper		Other Notes
12:00								
12:30								
1:00								
1:30								
2:00								
2:30								
3:00								
3:30								
4:00								
4:30								
5:00								
5:30								
6:00								
6:30								
7:00								
7:30								
8:00								
8:30								
9:00								
9:30								
10:00								
10:30								
11:00								
11:30								
12:00								
12:30								
1:00								
1:30								
2:00								
2:30								
3:00								
3:30								
4:00								
4:30								
5:00								
5:30								
6:00								
6:30								
7:00								
7:30								
8:00								
8:30								
9:00								
9:30								
10:00								
10:30								
11:00								
11:30								
12:00								
Daily Totals								

Milestones: _____

_____

Date: _____   Age: _____

	Sleep	Breastfeed	Formula	Solids	Antigas	Diaper	Other Notes
12:00							
12:30							
1:00							
1:30							
2:00							
2:30							
3:00							
3:30							
4:00							
4:30							
5:00							
5:30							
6:00							
6:30							
7:00							
7:30							
8:00							
8:30							
9:00							
9:30							
10:00							
10:30							
11:00							
11:30							
12:00							
12:30							
1:00							
1:30							
2:00							
2:30							
3:00							
3:30							
4:00							
4:30							
5:00							
5:30							
6:00							
6:30							
7:00							
7:30							
8:00							
8:30							
9:00							
9:30							
10:00							
10:30							
11:00							
11:30							
12:00							
Daily Totals							

Milestones: _____

_____

Date: _____   Age: _____

	Sleep	Breastfeed	Formula	Solids	Antigas	Diaper	Other Notes
12:00							
12:30							
1:00							
1:30							
2:00							
2:30							
3:00							
3:30							
4:00							
4:30							
5:00							
5:30							
6:00							
6:30							
7:00							
7:30							
8:00							
8:30							
9:00							
9:30							
10:00							
10:30							
11:00							
11:30							
12:00							
12:30							
1:00							
1:30							
2:00							
2:30							
3:00							
3:30							
4:00							
4:30							
5:00							
5:30							
6:00							
6:30							
7:00							
7:30							
8:00							
8:30							
9:00							
9:30							
10:00							
10:30							
11:00							
11:30							
12:00							
Daily Totals							

Milestones: _____
_____

Date:_____ Age:_____

	Sleep	Breastfeed	Formula	Solids	Antigas	Diaper	Other Notes
12:00							
12:30							
1:00							
1:30							
2:00							
2:30							
3:00							
3:30							
4:00							
4:30							
5:00							
5:30							
6:00							
6:30							
7:00							
7:30							
8:00							
8:30							
9:00							
9:30							
10:00							
10:30							
11:00							
11:30							
12:00							
12:30							
1:00							
1:30							
2:00							
2:30							
3:00							
3:30							
4:00							
4:30							
5:00							
5:30							
6:00							
6:30							
7:00							
7:30							
8:00							
8:30							
9:00							
9:30							
10:00							
10:30							
11:00							
11:30							
12:00							
Daily Totals							

Milestones:_____
_____

Date: _____ Age: _____

	Sleep	Breastfeed	Formula	Solids	Antigas	Diaper		Other Notes
12:00								
12:30								
1:00								
1:30								
2:00								
2:30								
3:00								
3:30								
4:00								
4:30								
5:00								
5:30								
6:00								
6:30								
7:00								
7:30								
8:00								
8:30								
9:00								
9:30								
10:00								
10:30								
11:00								
11:30								
12:00								
12:30								
1:00								
1:30								
2:00								
2:30								
3:00								
3:30								
4:00								
4:30								
5:00								
5:30								
6:00								
6:30								
7:00								
7:30								
8:00								
8:30								
9:00								
9:30								
10:00								
10:30								
11:00								
11:30								
12:00								
Daily Totals								

Milestones: _____

_____

Date: _____ Age: _____

	Sleep	Breastfeed	Formula	Solids	Antigas	Diaper	Other Notes
12:00							
12:30							
1:00							
1:30							
2:00							
2:30							
3:00							
3:30							
4:00							
4:30							
5:00							
5:30							
6:00							
6:30							
7:00							
7:30							
8:00							
8:30							
9:00							
9:30							
10:00							
10:30							
11:00							
11:30							
12:00							
12:30							
1:00							
1:30							
2:00							
2:30							
3:00							
3:30							
4:00							
4:30							
5:00							
5:30							
6:00							
6:30							
7:00							
7:30							
8:00							
8:30							
9:00							
9:30							
10:00							
10:30							
11:00							
11:30							
12:00							
Daily Totals							

Milestones: _____

_____

Date: _____ Age: _____

	Sleep	Breastfeed	Formula	Solids	Antigas	Diaper	Other Notes
12:00							
12:30							
1:00							
1:30							
2:00							
2:30							
3:00							
3:30							
4:00							
4:30							
5:00							
5:30							
6:00							
6:30							
7:00							
7:30							
8:00							
8:30							
9:00							
9:30							
10:00							
10:30							
11:00							
11:30							
12:00							
12:30							
1:00							
1:30							
2:00							
2:30							
3:00							
3:30							
4:00							
4:30							
5:00							
5:30							
6:00							
6:30							
7:00							
7:30							
8:00							
8:30							
9:00							
9:30							
10:00							
10:30							
11:00							
11:30							
12:00							
Daily Totals							

Milestones: _____

_____

Date: _____   Age: _____

	Sleep	Breastfeed	Formula	Solids	Antigas	Diaper		Other Notes
12:00								
12:30								
1:00								
1:30								
2:00								
2:30								
3:00								
3:30								
4:00								
4:30								
5:00								
5:30								
6:00								
6:30								
7:00								
7:30								
8:00								
8:30								
9:00								
9:30								
10:00								
10:30								
11:00								
11:30								
12:00								
12:30								
1:00								
1:30								
2:00								
2:30								
3:00								
3:30								
4:00								
4:30								
5:00								
5:30								
6:00								
6:30								
7:00								
7:30								
8:00								
8:30								
9:00								
9:30								
10:00								
10:30								
11:00								
11:30								
12:00								
Daily Totals								

Milestones: _____

_____

Date: _____ Age: _____

	Sleep	Breastfeed	Formula	Solids	Antigas	Diaper		Other Notes
12:00								
12:30								
1:00								
1:30								
2:00								
2:30								
3:00								
3:30								
4:00								
4:30								
5:00								
5:30								
6:00								
6:30								
7:00								
7:30								
8:00								
8:30								
9:00								
9:30								
10:00								
10:30								
11:00								
11:30								
12:00								
12:30								
1:00								
1:30								
2:00								
2:30								
3:00								
3:30								
4:00								
4:30								
5:00								
5:30								
6:00								
6:30								
7:00								
7:30								
8:00								
8:30								
9:00								
9:30								
10:00								
10:30								
11:00								
11:30								
12:00								
Daily Totals								

Milestones: _____
_____

Date: _____   Age: _____

	Sleep	Breastfeed	Formula	Solids	Antigas	Diaper	Other Notes
12:00							
12:30							
1:00							
1:30							
2:00							
2:30							
3:00							
3:30							
4:00							
4:30							
5:00							
5:30							
6:00							
6:30							
7:00							
7:30							
8:00							
8:30							
9:00							
9:30							
10:00							
10:30							
11:00							
11:30							
12:00							
12:30							
1:00							
1:30							
2:00							
2:30							
3:00							
3:30							
4:00							
4:30							
5:00							
5:30							
6:00							
6:30							
7:00							
7:30							
8:00							
8:30							
9:00							
9:30							
10:00							
10:30							
11:00							
11:30							
12:00							
Daily Totals							

Milestones: _____

_____

Date: _____ Age: _____

	Sleep	Breastfeed	Formula	Solids	Antigas	Diaper	Other Notes
12:00							
12:30							
1:00							
1:30							
2:00							
2:30							
3:00							
3:30							
4:00							
4:30							
5:00							
5:30							
6:00							
6:30							
7:00							
7:30							
8:00							
8:30							
9:00							
9:30							
10:00							
10:30							
11:00							
11:30							
12:00							
12:30							
1:00							
1:30							
2:00							
2:30							
3:00							
3:30							
4:00							
4:30							
5:00							
5:30							
6:00							
6:30							
7:00							
7:30							
8:00							
8:30							
9:00							
9:30							
10:00							
10:30							
11:00							
11:30							
12:00							
Daily Totals							

Milestones: _____
_____

Date: _____ Age: _____

	Sleep	Breastfeed	Formula	Solids	Antigas	Diaper	Other Notes
12:00							
12:30							
1:00							
1:30							
2:00							
2:30							
3:00							
3:30							
4:00							
4:30							
5:00							
5:30							
6:00							
6:30							
7:00							
7:30							
8:00							
8:30							
9:00							
9:30							
10:00							
10:30							
11:00							
11:30							
12:00							
12:30							
1:00							
1:30							
2:00							
2:30							
3:00							
3:30							
4:00							
4:30							
5:00							
5:30							
6:00							
6:30							
7:00							
7:30							
8:00							
8:30							
9:00							
9:30							
10:00							
10:30							
11:00							
11:30							
12:00							
Daily Totals							

Milestones: _____

_____

Date: _____   Age: _____

	Sleep	Breastfeed	Formula	Solids	Antigas	Diaper	Other Notes
12:00							
12:30							
1:00							
1:30							
2:00							
2:30							
3:00							
3:30							
4:00							
4:30							
5:00							
5:30							
6:00							
6:30							
7:00							
7:30							
8:00							
8:30							
9:00							
9:30							
10:00							
10:30							
11:00							
11:30							
12:00							
12:30							
1:00							
1:30							
2:00							
2:30							
3:00							
3:30							
4:00							
4:30							
5:00							
5:30							
6:00							
6:30							
7:00							
7:30							
8:00							
8:30							
9:00							
9:30							
10:00							
10:30							
11:00							
11:30							
12:00							
Daily Totals							

Milestones: _____
_____

Date: _____ Age: _____

	Sleep	Breastfeed	Formula	Solids	Antigas	Diaper	Other Notes	
12:00								
12:30								
1:00								
1:30								
2:00								
2:30								
3:00								
3:30								
4:00								
4:30								
5:00								
5:30								
6:00								
6:30								
7:00								
7:30								
8:00								
8:30								
9:00								
9:30								
10:00								
10:30								
11:00								
11:30								
12:00								
12:30								
1:00								
1:30								
2:00								
2:30								
3:00								
3:30								
4:00								
4:30								
5:00								
5:30								
6:00								
6:30								
7:00								
7:30								
8:00								
8:30								
9:00								
9:30								
10:00								
10:30								
11:00								
11:30								
12:00								
Daily Totals								

Milestones: _____

_____

Date: _____ Age: _____

	Sleep	Breastfeed	Formula	Solids	Antigas	Diaper		Other Notes
12:00								
12:30								
1:00								
1:30								
2:00								
2:30								
3:00								
3:30								
4:00								
4:30								
5:00								
5:30								
6:00								
6:30								
7:00								
7:30								
8:00								
8:30								
9:00								
9:30								
10:00								
10:30								
11:00								
11:30								
12:00								
12:30								
1:00								
1:30								
2:00								
2:30								
3:00								
3:30								
4:00								
4:30								
5:00								
5:30								
6:00								
6:30								
7:00								
7:30								
8:00								
8:30								
9:00								
9:30								
10:00								
10:30								
11:00								
11:30								
12:00								
Daily Totals								

Milestones: _____
_____

Date: _____   Age: _____

	Sleep	Breastfeed	Formula	Solids	Antigas	Diaper	Other Notes
12:00							
12:30							
1:00							
1:30							
2:00							
2:30							
3:00							
3:30							
4:00							
4:30							
5:00							
5:30							
6:00							
6:30							
7:00							
7:30							
8:00							
8:30							
9:00							
9:30							
10:00							
10:30							
11:00							
11:30							
12:00							
12:30							
1:00							
1:30							
2:00							
2:30							
3:00							
3:30							
4:00							
4:30							
5:00							
5:30							
6:00							
6:30							
7:00							
7:30							
8:00							
8:30							
9:00							
9:30							
10:00							
10:30							
11:00							
11:30							
12:00							
Daily Totals							

Milestones: _____

_____

Date: _____ Age: _____

	Sleep	Breastfeed	Formula	Solids	Antigas	Diaper		Other Notes
12:00								
12:30								
1:00								
1:30								
2:00								
2:30								
3:00								
3:30								
4:00								
4:30								
5:00								
5:30								
6:00								
6:30								
7:00								
7:30								
8:00								
8:30								
9:00								
9:30								
10:00								
10:30								
11:00								
11:30								
12:00								
12:30								
1:00								
1:30								
2:00								
2:30								
3:00								
3:30								
4:00								
4:30								
5:00								
5:30								
6:00								
6:30								
7:00								
7:30								
8:00								
8:30								
9:00								
9:30								
10:00								
10:30								
11:00								
11:30								
12:00								
Daily Totals								

Milestones: _____

_____

Date: _____   Age: _____

	Sleep	Breastfeed	Formula	Solids	Antigas	Diaper	Other Notes
12:00							
12:30							
1:00							
1:30							
2:00							
2:30							
3:00							
3:30							
4:00							
4:30							
5:00							
5:30							
6:00							
6:30							
7:00							
7:30							
8:00							
8:30							
9:00							
9:30							
10:00							
10:30							
11:00							
11:30							
12:00							
12:30							
1:00							
1:30							
2:00							
2:30							
3:00							
3:30							
4:00							
4:30							
5:00							
5:30							
6:00							
6:30							
7:00							
7:30							
8:00							
8:30							
9:00							
9:30							
10:00							
10:30							
11:00							
11:30							
12:00							
Daily Totals							

Milestones: _____

_____

Date: _____   Age: _____

	Sleep	Breastfeed	Formula	Solids	Antigas	Diaper	Other Notes
12:00							
12:30							
1:00							
1:30							
2:00							
2:30							
3:00							
3:30							
4:00							
4:30							
5:00							
5:30							
6:00							
6:30							
7:00							
7:30							
8:00							
8:30							
9:00							
9:30							
10:00							
10:30							
11:00							
11:30							
12:00							
12:30							
1:00							
1:30							
2:00							
2:30							
3:00							
3:30							
4:00							
4:30							
5:00							
5:30							
6:00							
6:30							
7:00							
7:30							
8:00							
8:30							
9:00							
9:30							
10:00							
10:30							
11:00							
11:30							
12:00							
Daily Totals							

Milestones: _____

_____

Date: _____   Age: _____

	Sleep	Breastfeed	Formula	Solids	Antigas	Diaper	Other Notes
12:00							
12:30							
1:00							
1:30							
2:00							
2:30							
3:00							
3:30							
4:00							
4:30							
5:00							
5:30							
6:00							
6:30							
7:00							
7:30							
8:00							
8:30							
9:00							
9:30							
10:00							
10:30							
11:00							
11:30							
12:00							
12:30							
1:00							
1:30							
2:00							
2:30							
3:00							
3:30							
4:00							
4:30							
5:00							
5:30							
6:00							
6:30							
7:00							
7:30							
8:00							
8:30							
9:00							
9:30							
10:00							
10:30							
11:00							
11:30							
12:00							
Daily Totals							

Milestones: _____

_____

www.ingramcontent.com/pod-product-compliance
Lightning Source LLC
Chambersburg PA
CBHW071708090426
42738CB00009B/1710